Trage hier das Datum ein, an dem du die Seite bearbeitet hast.

3		8		13	
4		9		14	
5		10		15	
6		11		16	
7		12		17	

18		27		36	
19		28		37	
20		29		38	
21		30		39	
22		31		40	
23		32		41	
24		33		42	
25		34		43	
26		35		44	

45	
46	
47	
48	
49	
50	
51	
52	
53	

54	
55	
56	
57	
58	
59	
60	
61	
62	

63	
64	
65	
66	
67	
68	
69	
70	
71	

72	
73	
74	
75	
76	
77	
78	
79	
80	

81	
82	
83	
84	
85	
86	
87	
88	
89	

90	
91	
92	
93	
94	
95	
96	

Orientieren im 100er Raum

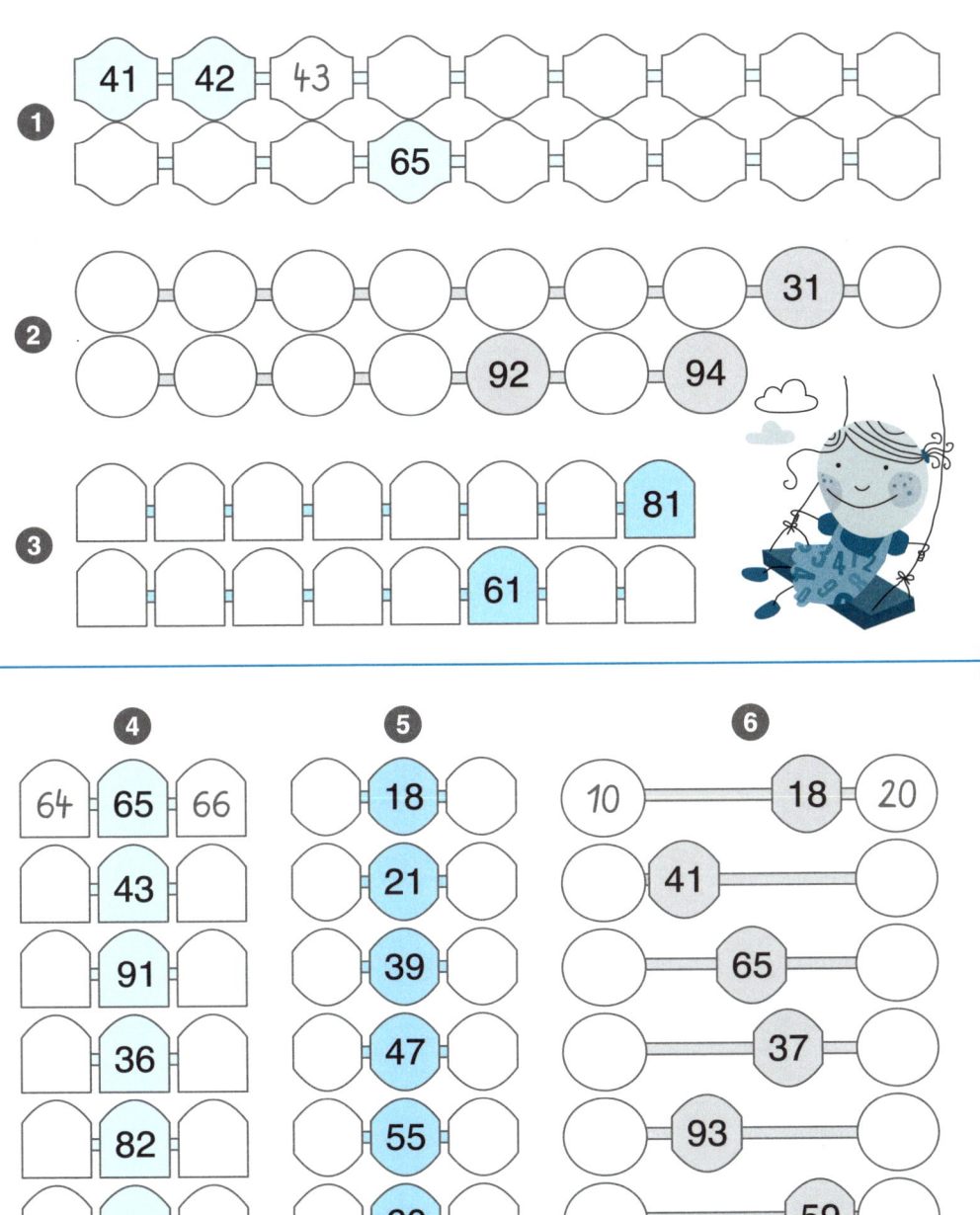

1

41 42 43 ☐ ☐ ☐ ☐ ☐ ☐
☐ ☐ 65 ☐ ☐ ☐ ☐ ☐

2

☐ ☐ ☐ ☐ ☐ ☐ ☐ 31 ☐
☐ ☐ ☐ ☐ 92 ☐ 94

3

☐ ☐ ☐ ☐ ☐ ☐ ☐ 81
☐ ☐ ☐ ☐ ☐ 61 ☐ ☐

4

64	65	66
☐	43	☐
☐	91	☐
☐	36	☐
☐	82	☐
☐	57	☐
☐	74	☐

5

☐	18	☐
☐	21	☐
☐	39	☐
☐	47	☐
☐	55	☐
☐	60	☐
☐	93	☐

6

10		18	20
☐	41		☐
☐		65	☐
☐	37		☐
☐	93		☐
☐		59	☐
☐	74		☐

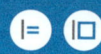
①

+2	
16	18
12	
14	
17	
13	
15	

②

11 + 5 =

11 + 3 =

11 + 8 =

11 + 2 =

11 + 7 =

11 + 4 =

11 + 6 =

③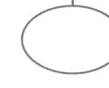

| 12 | 4 |
| 13 | 5 |

| 15 | 5 |
| 14 | 4 |

| 13 | 4 |
| 10 | 5 |

4

④

13	16
16	
10	
14	+3
17	
12	
15	

⑤

12 + 6 =

18 + 1 =

10 + 6 =

12 + 7 =

14 + 6 =

17 + 0 =

12 + 5 =

⑥

15 + 4 =

13 + 6 =

15 + 0 =

10 + 8 =

13 + 7 =

12 + 8 =

10 + 9 =

❶

$13 - 2 = 11$

$17 - 3 =$

$14 - 2 =$

$20 - 3 =$

$16 - 2 =$

$18 - 3 =$

$15 - 2 =$

❷

$18 - 7 =$

$17 - 2 =$

$16 - 5 =$

$19 - 7 =$

$16 - 3 =$

$17 - 5 =$

$19 - 2 =$

❸

$19 - 4$	18
$17 - 6$	16
$15 - 3$	12
$20 - 2$	15
$19 - 3$	11
$18 - 1$	13
$13 - 0$	17

5

❹

−	4
18	14
16	
19	
15	
17	
20	

❺

$19 - 9 =$

$14 - 3 =$

$18 - 5 =$

$20 - 8 =$

$18 - 6 =$

$17 - 1 =$

$18 - 2 =$

❻

$20 - 5 =$

$19 - 6 =$

$17 - 7 =$

$19 - 8 =$

$20 - 7 =$

$16 - 6 =$

$19 - 5 =$

❶

11+ 6 = 17

11+ = 15

11+ = 13

11+ = 18

11+ = 14

11+ = 19

11+ = 16

❷

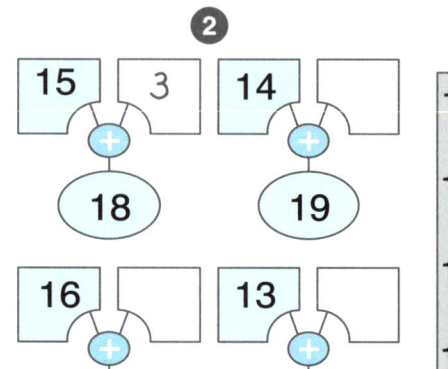

15 | 3

(+) 18

14 |

(+) 19

16 |

(+) 20

13 |

(+) 18

17 |

(+) 18

12 |

(+) 19

❸

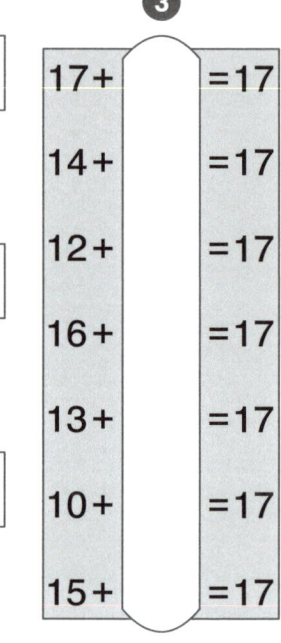

17+ = 17

14+ = 17

12+ = 17

16+ = 17

13+ = 17

10+ = 17

15+ = 17

6

❹

12 + ⬭ = 15

14 + ⬭ = 15

10 + ⬭ = 18

15 + ⬭ = 19

14 + ⬭ = 18

13 + ⬭ = 15

15 + ⬭ = 15

❺

12 + = 18

16 + = 19

15 + = 16

10 + = 19

14 + = 16

16 + = 18

12 + = 20

❻

19+ = 20

11+ = 20

13+ = 20

17+ = 20

14+ = 20

18+ = 20

15+ = 20

①

$15 - \boxed{3} = 12$

$18 - \boxed{} = 12$

$13 - \boxed{} = 12$

$19 - \boxed{} = 12$

$17 - \boxed{} = 12$

$14 - \boxed{} = 12$

$20 - \boxed{} = 12$

②

$17 - \bigcirc = 16$

$18 - \bigcirc = 13$

$17 - \bigcirc = 15$

$18 - \bigcirc = 14$

$17 - \bigcirc = 14$

$18 - \bigcirc = 11$

$17 - \bigcirc = 13$

③

$16 - \boxed{} = 14$

$16 - \boxed{} = 11$

$16 - \boxed{} = 15$

$16 - \boxed{} = 13$

$16 - \boxed{} = 16$

$16 - \boxed{} = 12$

④

$19 - \bigcirc = 16$

$18 - \bigcirc = 17$

$15 - \bigcirc = 13$

$19 - \bigcirc = 14$

$12 - \bigcirc = 12$

$19 - \bigcirc = 13$

$15 - \bigcirc = 11$

⑤

$20 - \boxed{} = 11$

$20 - \boxed{} = 16$

$20 - \boxed{} = 14$

$20 - \boxed{} = 17$

$20 - \boxed{} = 13$

$20 - \boxed{} = 15$

$20 - \boxed{} = 19$

⑥

$19 \quad \boxed{8}$ — 11

$17 \quad \boxed{}$ — 10

$18 \quad \boxed{}$ — 15

$19 \quad \boxed{}$ — 15

$17 \quad \boxed{}$ — 11

$18 \quad \boxed{}$ — 16

❶

17 = 14 + 3

18 = 12 +

17 = 16 +

18 = 14 +

17 = 15 +

18 = 13 +

17 = 17 +

❷

16 = 11 +

19 = 11 +

15 = 11 +

17 = 11 +

13 = 11 +

18 = 11 +

12 = 11 +

❸

12 = 12 +

17 = 13 +

19 = 12 +

20 = 13 +

16 = 12 +

14 = 13 +

17 = 12 +

8

❹

12 = 10 +

19 = 16 +

13 = 12 +

15 = 15 +

19 = 17 +

14 = 11 +

18 = 16 +

❺

15 = 12 +

18 = 15 +

19 = 14 +

16 = 13 +

❻

20 = 18 +

20 = 17 +

20 = 12 +

20 = 14 +

20 = 16 +

20 = 11 +

20 = 15 +

1

11 = 16 − (5)

12 = 12 − ( )

11 = 13 − ( )

12 = 16 − ( )

11 = 12 − ( )

12 = 15 − ( )

11 = 17 − ( )

2

12 = 18 −

14 = 18 −

11 = 18 −

15 = 18 −

17 = 18 −

18 = 18 −

10 = 18 −

3

18 = 19 −

11 = 14 −

13 = 19 −

14 = 17 −

12 = 19 −

15 = 16 −

17 = 19 −

4

15 = 19 − ( )

17 = 17 − ( )

16 = 19 − ( )

18 = 20 − ( )

15 = 17 − ( )

16 = 20 − ( )

20 = 20 − ( )

5

12 = 14 −

13 = 13 −

12 = 17 −

13 = 17 −

12 = 15 −

13 = 18 −

12 = 13 −

6

13 = 20 − ( )

15 = 20 − ( )

12 = 20 − ( )

19 = 20 − ( )

11 = 20 − ( )

17 = 20 − ( )

14 = 20 − ( )

9

1

+	6
8	14
5	
7	
9	
4	
6	

2

8 + 8	12
8 + 3	10
8 + 7	15
8 + 4	16
8 + 2	11
8 + 9	13
8 + 5	17

3

9 + 4 =

7 + 7 =

6 + 5 =

9 + 2 =

6 + 8 =

7 + 4 =

9 + 3 =

10

4

7 + 8 =

5 + 7 =

7 + 3 =

6 + 4 =

7 + 5 =

6 + 9 =

5 + 8 =

5

9 + 7 =

5 + 5 =

3 + 8 =

6 + 7 =

2 + 8 =

9 + 5 =

4 + 7 =

6

2

5

3

7

9

1

4

+9

11

1

7 + 6 = 13

7 + 8 =

7 + 3 =

7 + 5 =

7 + 9 =

7 + 4 =

7 + 7 =

2

8 + 3 =

9 + 4 =

6 + 5 =

4 + 6 =

8 + 7 =

6 + 8 =

2 + 9 =

3

9 + 6 =

8 + 5 =

5 + 7 =

4 + 8 =

11

4

5 + 8 =

8 + 9 =

5 + 6 =

8 + 4 =

5 + 9 =

8 + 6 =

5 + 5 =

5

6 + 7 =

8 + 8 =

4 + 9 =

6 + 4 =

3 + 9 =

4 + 7 =

6 + 9 =

6

9 + 0 =

9 + 2 =

9 + 7 =

9 + 9 =

9 + 3 =

9 + 5 =

9 + 1 =

①

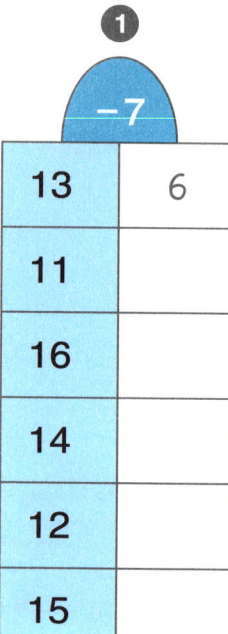

−7	
13	6
11	
16	
14	
12	
15	

②

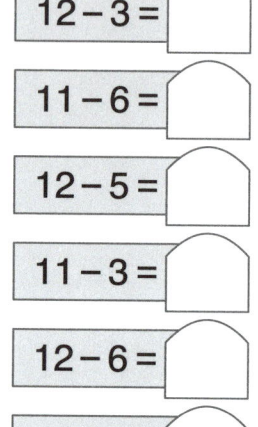

$11 - 4 = $ 7

$12 - 3 = $

$11 - 6 = $

$12 - 5 = $

$11 - 3 = $

$12 - 6 = $

$11 - 2 = $

③

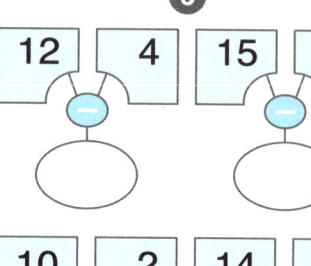

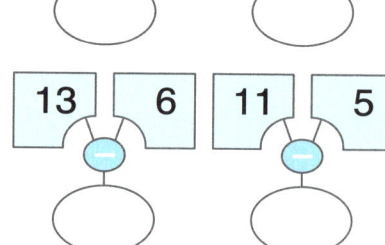

| 12 | 4 | | 15 | 6 |

| 10 | 2 | | 14 | 8 |

| 13 | 6 | | 11 | 5 |

12

④

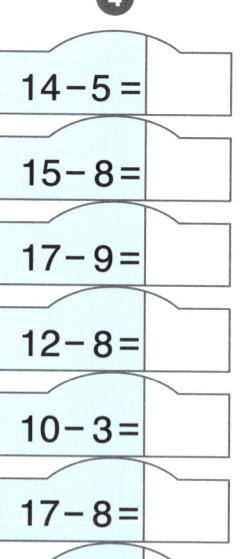

$14 - 5 = $

$15 - 8 = $

$17 - 9 = $

$12 - 8 = $

$10 - 3 = $

$17 - 8 = $

$13 - 5 = $

⑤

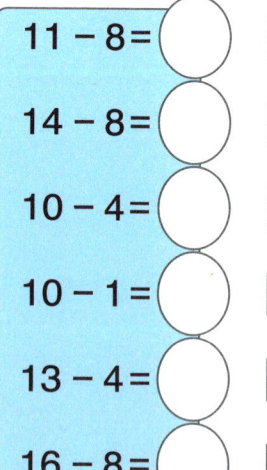

$11 - 8 = $

$14 - 8 = $

$10 - 4 = $

$10 - 1 = $

$13 - 4 = $

$16 - 8 = $

$13 - 8 = $

⑥

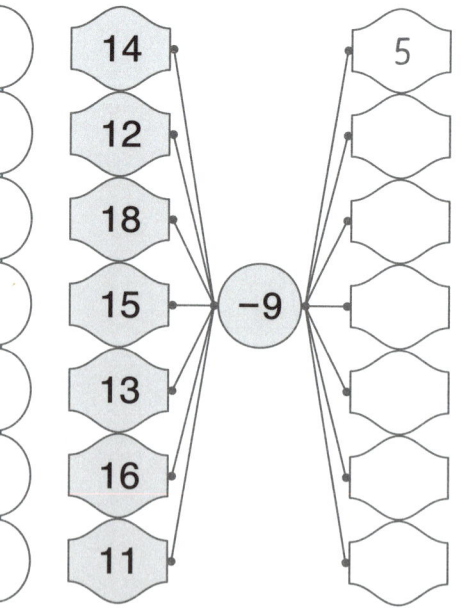

14

12

18

15   −9   5

13

16

11

1

$13 - 4$	6
$15 - 9$	9
$11 - 3$	4
$13 - 8$	3
$14 - 7$	7
$10 - 6$	8
$12 - 9$	5

2

$15 - 6 = 9$

$10 - 8 = \square$

$14 - 9 = \square$

$12 - 3 = \square$

$13 - 7 = \square$

$14 - 5 = \square$

$16 - 8 = \square$

3

$18 - 9 = \square$

$10 - 7 = \square$

$14 - 8 = \square$

$16 - 7 = \square$

$10 - 4 = \square$

$16 - 9 = \square$

$14 - 6 = \square$

13

4

$13 - 6 = \square$

$17 - 8 = \square$

$10 - 9 = \square$

$15 - 7 = \square$

$11 - 5 = \square$

$13 - 9 = \square$

$10 - 5 = \square$

5

$10 - 2 = \square$

$11 - 8 = \square$

$13 - 5 = \square$

$12 - 6 = \square$

$15 - 8 = \square$

$10 - 3 = \square$

$17 - 9 = \square$

6

$11 - 9 = \square$

$12 - 7 = \square$

$11 - 4 = \square$

$12 - 5 = \square$

$11 - 7 = \square$

$12 - 8 = \square$

$11 - 6 = \square$

1

7+	4	=11
8+		=13
9+		=12
9+		=10
9+		=14
8+		=11
7+		=12

2

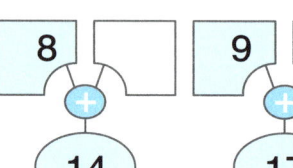

1	9

$+$ → 10

5	

$+$ → 12

8	

$+$ → 14

9	

$+$ → 17

3	

$+$ → 12

2	

$+$ → 10

3

3+	= 10
9+	= 13
8+	= 17
9+	= 15
4+	= 12
9+	= 18
5+	= 10

14

4

4	+		=	13
8	+		=	10
6	+		=	15
7	+		=	10
5	+		=	13
8	+		=	15
5	+		=	11

5

4	+		=	11
8	+		=	16
5	+		=	14
3	+		=	11
9	+		=	16
8	+		=	12
2	+		=	11

6

6+	=11
7+	=14
6+	=10
7+	=15
6+	=12
7+	=16
6+	=14

❶

$11 - 4 = 7$

$12 - \boxed{} = 6$

$11 - \boxed{} = 8$

$12 - \boxed{} = 3$

$11 - \boxed{} = 6$

$12 - \boxed{} = 4$

$11 - \boxed{} = 5$

❷

$16 - \bigcirc = 8$

$13 - \bigcirc = 6$

$10 - \bigcirc = 7$

$14 - \bigcirc = 5$

$10 - \bigcirc = 4$

$13 - \bigcirc = 8$

$15 - \bigcirc = 7$

❸

$11 - \boxed{} = 3$

$10 - \boxed{} = 5$

$12 - \boxed{} = 7$

$14 - \boxed{} = 6$

$10 - \boxed{} = 3$

$12 - \boxed{} = 8$

$16 - \boxed{} = 7$

15

❹

$13 - \bigcirc = 7$

$10 - \bigcirc = 1$

$11 - \bigcirc = 4$

$17 - \bigcirc = 9$

$14 - \bigcirc = 7$

$15 - \bigcirc = 6$

$13 - \bigcirc = 9$

❺

$10 - \boxed{} = 6$

$12 - \boxed{} = 5$

$17 - \boxed{} = 8$

$13 - \boxed{} = 4$

$10 - \boxed{} = 8$

$13 - \boxed{} = 5$

$15 - \boxed{} = 8$

❻

$11 \quad 2$
$-$
9

$18 \quad \boxed{}$
$-$
9

$15 \quad \boxed{}$
$-$
9

$12 \quad \boxed{}$
$-$
9

$14 \quad \boxed{}$
$-$
9

$16 \quad \boxed{}$
$-$
9

❶

11	= 9 + 2
	= 6 + 6
	= 7 + 3
	= 5 + 6
	= 9 + 7
	= 4 + 6
	= 8 + 2

❷

	= 5 + 5
	= 4 + 7
	= 8 + 3
	= 7 + 6
	= 9 + 5
	= 6 + 7
	= 8 + 9

❸

11	= 3
	= 7
	= 4
	= 6
	= 9
	= 5
	= 2

 +8

16

❹

	= 7 + 7
	= 8 + 5
	= 9 + 6
	= 8 + 7
	= 7 + 9
	= 8 + 8
	= 7 + 4

❺

	= 6 + 4
	= 9 + 3
	= 5 + 7
	= 4 + 9
	= 8 + 4
	= 3 + 7
	= 5 + 9

❻

	= 8 + 6
	= 9 + 9
	= 7 + 5
	= 6 + 9
	= 9 + 4
	= 8 + 7
	= 6 + 5

1

| 4 |
| 7 |
| 3 |
| 8 |
| 5 |
| 6 |
| 9 |

12 − 5
11 − 7
14 − 6
12 − 9
11 − 6
13 − 4
14 − 8

2

9 = 10 − 1

☐ = 16 − 9

☐ = 11 − 4

☐ = 17 − 8

3

☐ = 11 − 3
☐ = 14 − 7
☐ = 10 − 5
☐ = 17 − 9
☐ = 10 − 3
☐ = 15 − 6
☐ = 13 − 7

4

= 12 − 3
= 14 − 5
= 10 − 4
= 13 − 6
= 15 − 7
= 10 − 8
= 12 − 6

5

☐ = 15 − 8
☐ = 13 − 5
☐ = 10 − 2
☐ = 16 − 7
☐ = 14 − 9
☐ = 11 − 2
☐ = 12 − 7

6

☐ = 11 − 9
☐ = 16 − 8
☐ = 13 − 9
☐ = 11 − 8
☐ = 15 − 9
☐ = 13 − 8
☐ = 18 − 9

1

13 = 8 + 5

12 = 9 +

11 = 8 +

13 = 9 +

12 = 8 +

11 = 9 +

10 = 8 +

2

12 = 5 +

15 = 6 +

10 = 6 +

14 = 8 +

11 = 3 +

16 = 9 +

11 = 4 +

3

16 = 8 +

13 = 6 +

10 = 4 +

14 = 9 +

11 = 5 +

12 = 3 +

14 = 6 +

4

11 = 2 +

12 = 4 +

18 = 9 +

11 = 6 +

15 = 8 +

17 = 9 +

14 = 5 +

5

10 = 3 +

17 = 8 +

13 = 5 +

15 = 9 +

6

11 = 7 +

14 = 7 +

10 = 7 +

13 = 7 +

16 = 7 +

12 = 7 +

15 = 7 +

1

$7 = 10 - 3$

$8 = 13 - \square$

$7 = 12 - \square$

$8 = 14 - \square$

$7 = 11 - \square$

$8 = 10 - \square$

$7 = 13 - \square$

2

$5 = 14 - \square$

$8 = 11 - \square$

$4 = 10 - \square$

$7 = 16 - \square$

$5 = 11 - \square$

$6 = 14 - \square$

$9 = 17 - \square$

3

$6 = 15 - \bigcirc$

$4 = 11 - \bigcirc$

$8 = 16 - \bigcirc$

$6 = 11 - \bigcirc$

$5 = 12 - \bigcirc$

$7 = 15 - \bigcirc$

$5 = 10 - \bigcirc$

19

4

$7 = 13 - \bigcirc$

$6 = 10 - \bigcirc$

$4 = 13 - \bigcirc$

$8 = 15 - \bigcirc$

$3 = 12 - \bigcirc$

$9 = 18 - \bigcirc$

$6 = 12 - \bigcirc$

5

$7 = 14 - \square$

$5 = 13 - \square$

$8 = 12 - \square$

$3 = 11 - \square$

$6 = 13 - \square$

$8 = 17 - \square$

$4 = 12 - \square$

6

$9 = 12 - \bigcirc$

$9 = 10 - \bigcirc$

$9 = 15 - \bigcirc$

$9 = 13 - \bigcirc$

$9 = 11 - \bigcirc$

$9 = 16 - \bigcirc$

$9 = 14 - \bigcirc$

1

6+9	<	16
8+9		17
4+9		14
7+9		15
4+9		13
9+9		19
3+9		11

2

7	+	6		13
9	+	4		14
8	+	8		15
9	+	3		12
8	+	7		16
7	+	9		17
9	+	6		14

3

7+7		13
7+3		11
7+9		16
7+4		12
7+8		15
7+5		11
7+7		15

20

4

11−4		6
11−3		9
11−8		3
11−9		1
11−7		5
11−3		8
11−6		6

5

15−7		9
11−2		8
12−5		7
15−8		6
13−9		5
12−8		4
11−7		3

6

14	−	7	6
13	−	5	9
14	−	6	8
13	−	5	7
14	−	8	6
13	−	7	7
12	−	9	4

Ungleichungen bis 20

1

12	>	3+8
16		7+8
14		6+8
16		9+8
11		2+8
12		4+8
10		3+8

2

13		8	+	6
12		9	+	2
13		7	+	6
12		6	+	5
13		5	+	8
12		9	+	4
13		6	+	6

3

11		9+2
12		6+7
13		8+4
14		9+6
13		5+9
12		7+5
11		4+8

4

7		11−5
6		10−4
7		14−8
6		12−5
7		13−6
6		14−9
7		12−4

5

9		17−9
7		16−8
8		15−7
9		14−6
6		13−7
8		17−8
7		15−9

6

7		14	=	7
8		11	=	4
9		13	=	5
7		14	=	6
9		12	=	4
8		14	=	5
9		16	=	7

1

16 + 7 ⟩ 22

34 + 8 ◯ 43

28 + 7 ◯ 35

55 + 8 ◯ 64

89 + 7 ◯ 96

44 + 8 ◯ 53

67 + 7 ◯ 75

2

78 + 4 ◯ 81

67 + 5 ◯ 72

55 + 7 ◯ 63

46 + 9 ◯ 54

38 + 8 ◯ 45

29 + 7 ◯ 36

89 + 9 ◯ 97

3

15 + 9 ◯ 25

17 + 8 ◯ 26

18 + 9 ◯ 27

19 + 8 ◯ 28

17 + 9 ◯ 27

18 + 8 ◯ 26

15 + 9 ◯ 23

22

4

21 − 2 ◯ 18

22 − 3 ◯ 20

23 − 5 ◯ 18

24 − 6 ◯ 19

25 − 7 ◯ 18

26 − 8 ◯ 17

27 − 9 ◯ 19

5

81 − 4 ◯ 77

52 − 5 ◯ 48

91 − 6 ◯ 84

72 − 3 ◯ 69

43 − 7 ◯ 37

31 − 4 ◯ 28

63 − 5 ◯ 57

6

43 − 9 ◯ 35

24 − 6 ◯ 18

51 − 8 ◯ 44

73 − 7 ◯ 65

84 − 8 ◯ 76

65 − 7 ◯ 59

36 − 9 ◯ 26

Ungleichungen bis 100

< = >

1

35	=	29	+	6
25		16	+	8
35		27	+	9
25		18	+	7
35		29	+	5
25		17	+	7
35		28	+	8

2

52		44 + 9
83		75 + 9
34		25 + 9
65		57 + 9
24		16 + 9
73		65 + 9
42		33 + 9

3

73		69 + 3
32		28 + 4
53		47 + 5
82		79 + 4

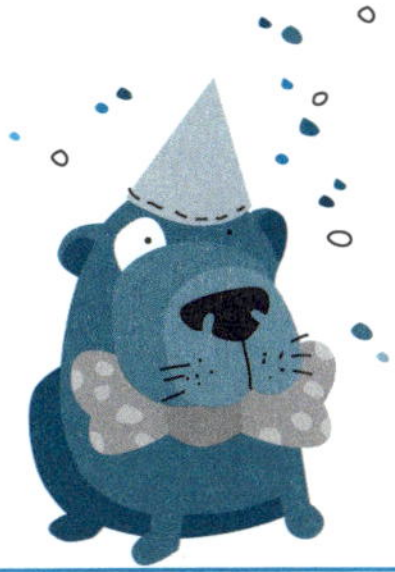

4

46		51 – 5
28		32 – 3
57		62 – 6
18		23 – 4
67		75 – 7
38		44 – 6
56		62 – 5

5

79		83	–	5
67		74	–	6
76		80	–	5
69		75	–	6
77		82	–	5
67		72	–	6
79		83	–	4

6

75		83 – 7
27		32 – 6
64		72 – 8
86		93 – 6
49		55 – 7
15		21 – 6
56		63 – 8

❶

36 + 2 = 38

42 + 2 =

74 + 2 =

97 + 2 =

21 + 2 =

55 + 2 =

13 + 2 =

❷

31 + 5 =

61 + 3 =

81 + 8 =

41 + 2 =

91 + 7 =

51 + 5 =

71 + 6 =

❸

82 + 4 =

60 + 5 =

94 + 4 =

21 + 5 =

43 + 4 =

12 + 5 =

35 + 4 =

24

❹

52 + 6 =

68 + 1 =

20 + 6 =

72 + 7 =

44 + 5 =

87 + 0 =

92 + 5 =

❺

75 + 4 =

53 + 6 =

65 + 0 =

80 + 8 =

12 + 7 =

22 + 6 =

30 + 9 =

❻

83 + 3 =

76 + 3 =

40 + 3 =

34 + 3 =

87 + 3 =

52 + 3 =

95 + 3 =

1

23 − 2 = *21*

67 − 3 =

34 − 2 =

19 − 3 =

56 − 2 =

98 − 3 =

45 − 2 =

2

38 − 7 =

57 − 2 =

46 − 5 =

29 − 7 =

76 − 3 =

17 − 5 =

69 − 2 =

3

89 − 4   91

97 − 6   85

85 − 3   86

96 − 2   94

89 − 3   82

98 − 1   83

83 − 0   97

4

49 − 9 =

64 − 3 =

28 − 5 =

79 − 7 =

38 − 6 =

57 − 1 =

78 − 2 =

5

38 − 5 =

59 − 6 =

27 − 7 =

99 − 8 =

47 − 7 =

68 − 6 =

89 − 5 =

6

58 − 4 =

26 − 4 =

39 − 4 =

95 − 4 =

47 − 4 =

68 − 4 =

14 − 4 =

1

61 + 6 = 67

41 + ☐ = 45

71 + ☐ = 73

51 + ☐ = 58

31 + ☐ = 34

91 + ☐ = 99

81 + ☐ = 86

2

37 + ☐ = 37

74 + ☐ = 77

52 + ☐ = 57

86 + ☐ = 87

43 + ☐ = 47

90 + ☐ = 97

65 + ☐ = 67

3

55 | 3 → 58

84 | ☐ → 89

66 | ☐ → 70

23 | ☐ → 28

97 | ☐ → 98

72 | ☐ → 79

4

22 + ☐ = 28

96 + ☐ = 99

45 + ☐ = 46

80 + ☐ = 89

14 + ☐ = 18

56 + ☐ = 58

62 + ☐ = 69

5

72 + ☐ = 75

24 + ☐ = 25

60 + ☐ = 68

95 + ☐ = 99

54 + ☐ = 58

83 + ☐ = 85

35 + ☐ = 35

6

49 + ☐ = 49

71 + ☐ = 79

13 + ☐ = 19

87 + ☐ = 89

24 + ☐ = 29

58 + ☐ = 59

35 + ☐ = 39

1

77 – (1) = 76

18 – ( ) = 13

67 – ( ) = 65

48 – ( ) = 44

97 – ( ) = 92

58 – ( ) = 51

87 – ( ) = 83

2

35 – [ ] = 32

98 – [ ] = 92

53 – [ ] = 52

89 – [ ] = 82

67 – [ ] = 62

24 – [ ] = 22

16 – [ ] = 12

3

46 – [ ] = 44

86 – [ ] = 81

26 – [ ] = 25

96 – [ ] = 93

16 – [ ] = 16

76 – [ ] = 72

36 – [ ] = 30

4

89 [8] ⊖ 81

27 [ ] ⊖ 20

68 [ ] ⊖ 65

49 [ ] ⊖ 45

57 [ ] ⊖ 51

78 [ ] ⊖ 76

5

59 – [ ] = 56

38 – [ ] = 37

95 – [ ] = 93

29 – [ ] = 24

62 – [ ] = 62

89 – [ ] = 83

45 – [ ] = 41

6

89 – ( ) = 84

79 – ( ) = 75

29 – ( ) = 12

39 – ( ) = 37

19 – ( ) = 13

69 – ( ) = 65

49 – ( ) = 49

①

$78 = 76$
$ = 62$
$ = 24$
$ = 97$ $+2$
$ = 43$
$ = 35$
$ = 81$

②

$46 = 41 + 5$
$\square = 71 + 3$
$\square = 51 + 8$
$\square = 21 + 2$
$\square = 61 + 7$
$\square = 31 + 4$
$\square = 91 + 6$

③

$\square = 93 + 4$
$\square = 54 + 5$
$\square = 11 + 4$
$\square = 82 + 5$
$\square = 70 + 4$
$\square = 43 + 5$
$\square = 64 + 4$

④

$\bigcirc = 47 + 1$
$\bigcirc = 63 + 2$
$\bigcirc = 26 + 3$
$\bigcirc = 51 + 4$
$\bigcirc = 35 + 3$
$\bigcirc = 77 + 2$
$\bigcirc = 84 + 1$

⑤

$\square = 66 + 3$
$\square = 32 + 5$
$\square = 83 + 4$
$\square = 57 + 1$
$\square = 22 + 6$
$\square = 95 + 2$
$\square = 41 + 8$

⑥

$\bigcirc = 85 + 4$
$\bigcirc = 73 + 6$
$\bigcirc = 15 + 3$
$\bigcirc = 90 + 8$
$\bigcirc = 52 + 7$
$\bigcirc = 31 + 8$
$\bigcirc = 20 + 5$

1

71	89 – 2
87	74 – 3
76	86 – 2
84	79 – 3
85	82 – 2
72	75 – 3
80	87 – 2

2

91	= 98 – 7
	= 37 – 2
	= 66 – 5
	= 59 – 7

3

	= 79 – 4
	= 47 – 6
	= 65 – 3
	= 89 – 8
	= 18 – 1
	= 94 – 4
	= 59 – 3

4

= 87 – 3
= 38 – 4
= 76 – 5
= 59 – 6
= 25 – 5
= 69 – 4
= 48 – 3

5

= 49 – 7
= 94 – 1
= 58 – 3
= 26 – 0
= 89 – 5
= 37 – 2
= 68 – 4

6

	=	28	–	8
	=	59	–	5
	=	37	–	2
	=	99	–	3
	=	17	–	4
	=	79	–	2
	=	88	–	7

❶

57 = 56 + 1

28 = 22 +

77 = 74 +

38 = 34 +

97 = 95 +

48 = 43 +

67 = 67 +

❷

85 = 81 +

49 = 41 +

96 = 91 +

68 = 61 +

23 = 21 +

77 = 71 +

52 = 51 +

❸

47 = 42 +

74 = 73 +

56 = 52 +

88 = 83 +

62 = 62 +

37 = 33 +

99 = 92 +

30

❹

43 = 42 +

89 = 86 +

32 = 31 +

95 = 92 +

29 = 27 +

74 = 71 +

18 = 16 +

❺

38 = 35 +

55 = 52 +

89 = 84 +

46 = 42 +

69 = 66 +

24 = 22 +

99 = 93 +

❻

78 = 74 +

28 = 22 +

58 = 57 +

18 = 15 +

88 = 81 +

48 = 46 +

68 = 63 +

1

71 = 77 − 6

22 = 25 −

51 = 52 −

32 = 36 −

81 = 83 −

42 = 42 −

61 = 66 −

2

91 = 99 −

68 = 69 −

27 = 29 −

45 = 49 −

59 = 59 −

34 = 39 −

82 = 89 −

3

17 = 19 −

55 = 56 −

22 = 29 −

94 = 97 −

33 = 39 −

81 = 84 −

48 = 49 −

31

4

95 = 99 −

37 = 37 −

66 = 69 −

82 = 86 −

55 = 58 −

76 = 77 −

41 = 49 −

5

52 = 54 −

73 = 76 −

22 = 28 −

63 = 67 −

92 = 95 −

43 = 48 −

82 = 83 −

6

64 = 68 −

47 = 49 −

91 = 96 −

33 = 38 −

75 = 77 −

22 = 29 −

54 = 56 −

1

64+20 = (84)

27+20 = ◯

43+20 = ◯

79+20 = ◯

36+20 = ◯

58+20 = ◯

15+20 = ◯

2

18+80

18+30

18+70

18+40

18+20

18+50

18+10

58

88

48

98

38

28

68

3

24+40=

37+50=

53+40=

16+50=

45+40=

22+50=

36+40=

32

4

32+40=

75+10=

19+60=

67+20=

54+40=

81+10=

46+20=

5

26+60=

82+10=

17+60=

24+70=

48+50=

75+10=

23+50=

6

27

53

36

41

15

62

24

+30

57

1

10 + 16 = 26

20 + 72 =

30 + 31 =

40 + 54 =

30 + 27 =

20 + 43 =

10 + 65 =

2

40 + 29 =

20 + 26 =

70 + 21 =

50 + 28 =

10 + 23 =

60 + 24 =

30 + 22 =

3

30+37 =

40+22 =

30+46 =

40+18 =

30+54 =

40+39 =

30+25 =

33

4

20+47 =

10+84 =

40+59 =

20+63 =

60+15 =

10+78 =

40+36 =

5

50+23 =

10+75 =

50+41 =

70+27 =

60+16 =

10+82 =

20+24 =

6

10 + 28 =

20 + 19 =

30 + 38 =

40 + 49 =

50 + 38 =

60 + 19 =

70 + 28 =

❶

35 − 10 =	25
77 − 10 =	
53 − 10 =	
92 − 10 =	
64 − 10 =	
49 − 10 =	
86 − 10 =	

❷

99 − 60 = ◯
71 − 20 = ◯
82 − 70 = ◯
85 − 50 = ◯
89 − 20 = ◯
76 − 50 = ◯
93 − 40 = ◯

❸

47 | 10   63 | 20

79 | 30   58 | 40

96 | 50   84 | 60

34

❹

− 20	
36	16
96	
76	
56	
86	
46	

❺

71 − 50 =
89 − 10 =
92 − 50 =
97 − 70 =
95 − 40 =
88 − 20 =
74 − 40 =

❻

56
91
48
75   −30   26
63
84
52

❶

90 − 61 = 29

90 − 32 =

90 − 71 =

90 − 12 =

90 − 51 =

90 − 22 =

90 − 41 =

❷

70 − 13 =

60 − 21 =

50 − 32 =

90 − 46 =

60 − 35 =

90 − 27 =

80 − 14 =

❸

60 − 18 =

90 − 24 =

70 − 39 =

80 − 46 =

90 − 53 =

70 − 35 =

90 − 77 =

35

❹

70 − 43 =

80 − 16 =

70 − 32 =

90 − 25 =

70 − 51 =

80 − 24 =

70 − 37 =

❺

90 − 15

80 − 45

90 − 65

80 − 25

90 − 75

80 − 15

90 − 45

35

75

25

45

15

65

55

❻

30 − 13 =

40 − 28 =

50 − 25 =

60 − 42 =

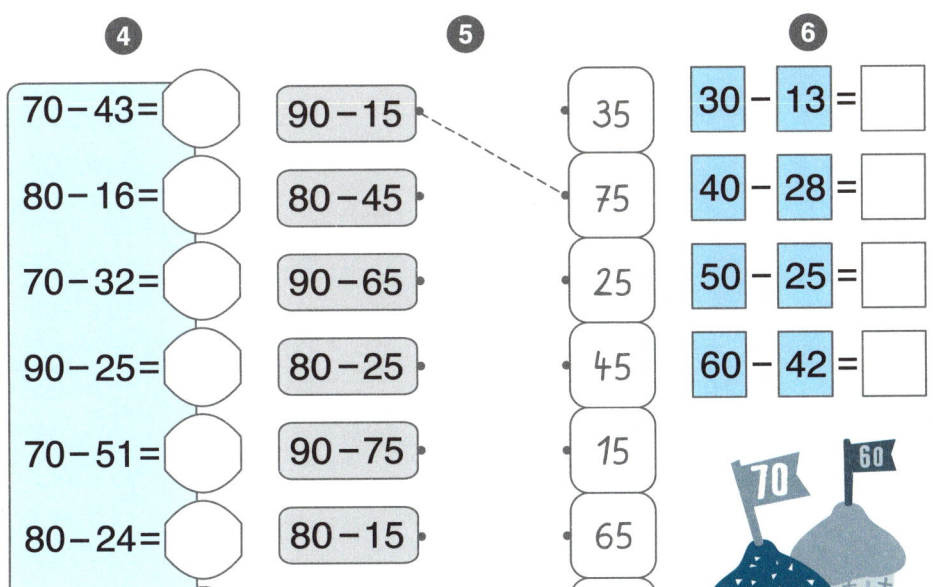

①

62 +	30	= 92
18 +		= 98
35 +		= 95
79 +		= 99
47 +		= 97
84 +		= 94
56 +		= 96

②

27+ = 67
42+ = 72
39+ = 89
11+ = 91
36+ = 56
14+ = 74
58+ = 68

③

11 + ⬡ = 61
42 + ⬡ = 52
21 + ⬡ = 81
52 + ⬡ = 92
41 + ⬡ = 81
32 + ⬡ = 52
11 + ⬡ = 71

36

④

21 + ☐ = 51
72 + ☐ = 92
43 + ☐ = 83
14 + ☐ = 94
55 + ☐ = 65
36 + ☐ = 86
27 + ☐ = 97

⑤

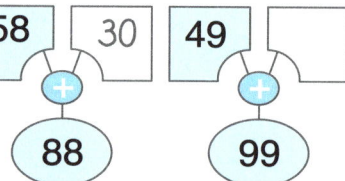

58 30   49
+   +
88   99

19   38
+   +
99   88

78   29
+   +
88   99

⑥

17+ = 77
13+ = 53
14+ = 34
16+ = 86
12+ = 42
15+ = 95
11+ = 21

Minusaufgaben mit ganzen Zehnern

1

91	80	−	11
72		−	12
42		−	12
61		−	11
81		−	11
32		−	12

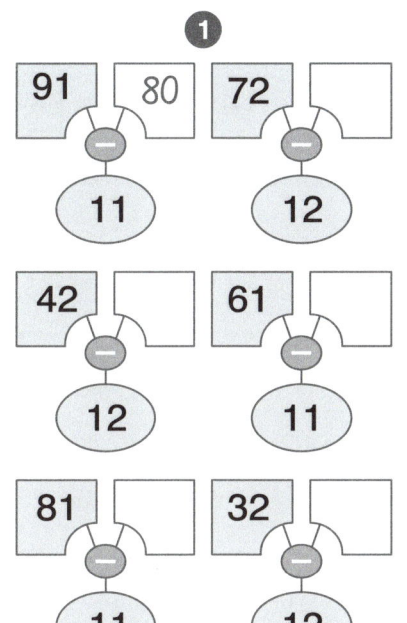

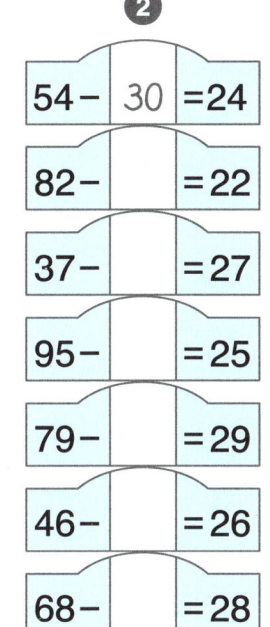

2

54 − 30 = 24
82 − ☐ = 22
37 − ☐ = 27
95 − ☐ = 25
79 − ☐ = 29
46 − ☐ = 26
68 − ☐ = 28

3

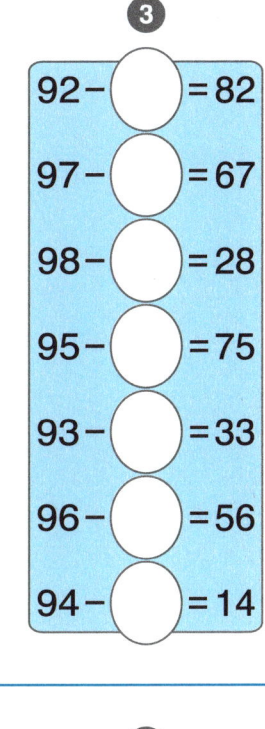

92 − ◯ = 82
97 − ◯ = 67
98 − ◯ = 28
95 − ◯ = 75
93 − ◯ = 33
96 − ◯ = 56
94 − ◯ = 14

4

79 − ◯ = 69
87 − ◯ = 37
73 − ◯ = 53
85 − ◯ = 45
78 − ◯ = 28
84 − ◯ = 14
76 − ◯ = 36

5

91 − ☐ = 61
82 − ☐ = 72
53 − ☐ = 33
94 − ☐ = 44
25 − ☐ = 15
96 − ☐ = 36
57 − ☐ = 17

6

67 − ☐ = 47
62 − ☐ = 12
68 − ☐ = 58
64 − ☐ = 34
69 − ☐ = 49
65 − ☐ = 25
63 − ☐ = 13

1

10 + 54 = 64

10 + ⬡ = 83

10 + ⬡ = 47

10 + ⬡ = 25

10 + ⬡ = 51

10 + ⬡ = 36

10 + ⬡ = 72

2

30	26		50		

+ 56   + 63

80			20		

+ 97   + 69

60			30		

+ 84   + 78

3

40 + ⬡ = 61

50 + ⬡ = 97

70 + ⬡ = 84

20 + ⬡ = 72

38

4

30 + ⬡ = 85

40 + ⬡ = 78

20 + ⬡ = 44

60 + ⬡ = 72

20 + ⬡ = 86

30 + ⬡ = 63

40 + ⬡ = 57

5

20 + ☐ = 89

80 + ☐ = 95

20 + ☐ = 48

40 + ☐ = 84

60 + ☐ = 97

50 + ☐ = 73

20 + ☐ = 56

6

70 + ⬡ = 94

30 + ⬡ = 91

40 + ⬡ = 93

10 + ⬡ = 95

20 + ⬡ = 97

60 + ⬡ = 92

50 + ⬡ = 96

Minusaufgaben mit ganzen Zehnern

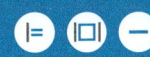

1

77 − 67 = 10
59 − ☐ = 10
34 − ☐ = 10
48 − ☐ = 10
25 − ☐ = 10
83 − ☐ = 10
66 − ☐ = 10

2

52 − ☐ = 20
76 − ☐ = 50
94 − ☐ = 60
87 − ☐ = 40
43 − ☐ = 20
95 − ☐ = 80
88 − ☐ = 20

3

54 − ☐ = 40
67 − ☐ = 30
81 − ☐ = 20
73 − ☐ = 60
46 − ☐ = 20
72 − ☐ = 40
85 − ☐ = 30

4

47 − ☐ = 30
54 − ☐ = 20
88 − ☐ = 50
73 − ☐ = 20
89 − ☐ = 70
96 − ☐ = 50
65 − ☐ = 40

5

94 − ☐ = 50
92 − ☐ = 60
96 − ☐ = 20
93 − ☐ = 10
98 − ☐ = 40
95 − ☐ = 30
97 − ☐ = 70

6

63 − 43 = 20
81 − ☐ = 50
65 − ☐ = 30
92 − ☐ = 80
66 − ☐ = 50
84 − ☐ = 20

1

77 = 10 + 67

= 20 + 43

= 30 + 26

= 40 + 51

= 30 + 38

= 20 + 72

= 10 + 14

2

= 30 + 21

= 60 + 23

= 10 + 22

= 50 + 27

= 70 + 28

= 10 + 24

= 40 + 26

3

= 30 + 24

= 40 + 38

= 30 + 53

= 40 + 17

= 30 + 45

= 40 + 21

= 30 + 39

40

4

= 40 + 31

= 10 + 77

= 60 + 14

= 20 + 62

= 40 + 58

= 10 + 83

= 20 + 46

5

75 = 50

= 30

= 60

= 40

= 10

= 70

= 20

+25

6

= 20 + 11

= 30 + 24

= 40 + 15

= 50 + 28

= 60 + 19

= 70 + 22

= 80 + 17

Minusaufgaben mit ganzen Zehnern

1

28 = 48 − 20

☐ = 86 − 30

☐ = 61 − 20

☐ = 94 − 50

2

◯ = 92 − 40

◯ = 75 − 50

◯ = 88 − 20

◯ = 94 − 30

◯ = 81 − 10

◯ = 79 − 50

◯ = 93 − 30

3

☐ = $46-10$

☐ = $62-20$

☐ = $74-30$

☐ = $59-40$

☐ = $97-50$

☐ = $83-60$

☐ = $98-70$

4

71

31

61

21

51

11

41

$91-70$

$81-50$

$71-10$

$91-20$

$71-30$

$51-40$

$81-30$

5

◯ = $73-40$

◯ = $87-20$

◯ = $94-40$

◯ = $86-70$

◯ = $91-50$

◯ = $88-10$

◯ = $79-30$

6

= $53-30$

= $85-30$

= $64-30$

= $72-30$

= $49-30$

= $96-30$

= $57-30$

❶

67 = 17 + 50

98 = 18 +

47 = 17 +

88 = 18 +

37 = 17 +

58 = 18 +

77 = 17 +

❷

81 = 51 +

92 = 42 +

73 = 33 +

64 = 14 +

55 = 25 +

46 = 36 +

37 = 17 +

❸

96 = 26 +

85 = 35 +

69 = 59 +

93 = 13 +

82 = 42 +

91 = 71 +

87 = 27 +

42

❹

73 = 13 +

56 = 36 +

82 = 42 +

94 = 54 +

81 = 21 +

57 = 47 +

65 = 15 +

❺

67 = 57 +

73 = 13 +

84 = 34 +

98 = 18 +

86 = 26 +

71 = 41 +

62 = 22 +

❻

95 = 55 +

93 = 83 +

96 = 46 +

98 = 78 +

94 = 34 +

97 = 17 +

91 = 61 +

1

35 = 75 – 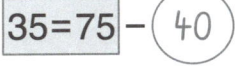 40

13 = 83 – ◯

27 = 77 – ◯

44 = 84 – ◯

52 = 72 – ◯

36 = 86 – ◯

68 = 78 – ◯

2

11 = 51 – ◻

32 = 92 – ◻

13 = 23 – ◻

44 = 94 – ◻

35 = 55 – ◻

76 = 86 – ◻

67 = 97 – ◻

3

52 = 62 – ◯

64 = 84 – ◯

43 = 73 – ◯

31 = 91 – ◯

55 = 85 – ◯

69 = 79 – ◯

28 = 68 – ◯

43

4

27 = 57 – ◻

25 = 45 – ◻

28 = 78 – ◻

24 = 94 – ◻

29 = 69 – ◻

21 = 81 – ◻

26 = 36 – ◻

5

12 = 72 – ◯

23 = 63 – ◯

34 = 44 – ◯

45 = 95 – ◯

56 = 76 – ◯

67 = 97 – ◯

78 = 88 – ◯

6

15 = 95 – ◻

52 = 92 – ◻

37 = 97 – ◻

71 = 91 – ◻

44 82
45
32

1

13 + 7

18 + 7

16 + 7

19 + 7

14 + 7

17 + 7

15 + 7

26
25
23
20
21
22
24

2

28+8 = 36

58+4 =

38+7 =

78+3 =

48+9 =

68+2 =

88+5 =

3

39+4 =

67+7 =

16+5 =

79+2 =

56+8 =

27+4 =

49+3 =

4

77 + 8 =

35 + 7 =

57 + 3 =

18 + 4 =

67 + 5 =

86 + 9 =

25 + 8 =

5

89 + 7 =

25 + 5 =

33 + 8 =

46 + 7 =

52 + 8 =

69 + 5 =

74 + 7 =

6

62

35

83

47

29

74

58

+9

71

44

1

17 + 6 = 23

27 + 8 =

17 + 3 =

27 + 5 =

17 + 9 =

27 + 4 =

17 + 7 =

2

78 + 3 =

49 + 4 =

36 + 5 =

84 + 6 =

58 + 7 =

29 + 8 =

62 + 9 =

3

39 + 6 =

18 + 5 =

65 + 7 =

44 + 8 =

23 + 7 =

59 + 8 =

76 + 6 =

4

75 + 8 =

38 + 9 =

55 + 6 =

88 + 4 =

65 + 9 =

18 + 6 =

45 + 5 =

5

46 + 7 =

79 + 1 =

64 + 9 =

18 + 8 =

53 + 9 =

34 + 7 =

26 + 9 =

6

28 + 4 =

79 + 2 =

49 + 7 =

69 + 9 =

39 + 3 =

89 + 5 =

58 + 2 =

1

$41 - 4 =$ 37

$62 - 3 =$

$31 - 6 =$

$72 - 5 =$

$51 - 3 =$

$82 - 6 =$

$21 - 2 =$

2

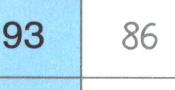

-7	
93	86
91	
96	
94	
92	
95	

3

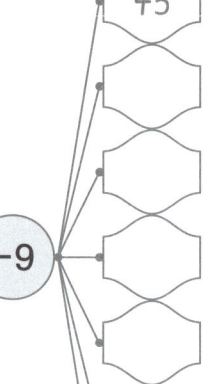

54   45

72

48

35   -9

63

86

21

46

4

$84 - 5 =$

$55 - 8 =$

$37 - 9 =$

$52 - 8 =$

$20 - 3 =$

$77 - 8 =$

$43 - 5 =$

5

$31 - 8 =$

$64 - 8 =$

$70 - 4 =$

$20 - 1 =$

$53 - 4 =$

$46 - 8 =$

$83 - 8 =$

6

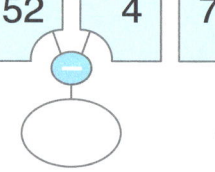

| 52 | 4 | 75 | 6 |

| 80 | 2 | 64 | 8 |

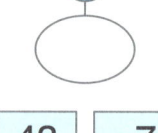

| 43 | 7 | 91 | 5 |

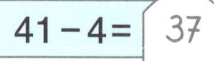

1

33 – 4

35 – 9

31 – 3

33 – 8

34 – 7

30 – 6

32 – 9

28

26

29

23

27

24

25

2

75 – 6 = 69

50 – 8 =

24 – 9 =

62 – 3 =

33 – 7 =

84 – 5 =

46 – 8 =

3

38 – 9 =

40 – 7 =

54 – 8 =

66 – 7 =

70 – 4 =

86 – 9 =

94 – 6 =

4

43 – 6 =

87 – 8 =

60 – 9 =

25 – 7 =

51 – 5 =

33 – 9 =

70 – 5 =

5

60 – 2 =

31 – 8 =

73 – 5 =

52 – 6 =

6

71 – 4 =

82 – 7 =

71 – 9 =

82 – 5 =

71 – 7 =

82 – 8 =

71 – 6 =

1

38 + 4 = 42

59 + ⬡ = 61

19 + ⬡ = 22

39 + ⬡ = 40

19 + ⬡ = 24

29 + ⬡ = 31

48 + ⬡ = 53

2

24 + ☐ = 33

38 + ☐ = 40

26 + ☐ = 35

37 + ☐ = 40

3

73 + ◯ = 80

49 + ◯ = 53

18 + ◯ = 27

59 + ◯ = 65

34 + ◯ = 42

69 + ◯ = 78

25 + ◯ = 30

48

4

16 + ☐ = 21

27 + ☐ = 34

36 + ☐ = 40

47 + ☐ = 55

56 + ☐ = 62

67 + ☐ = 76

76 + ☐ = 84

5

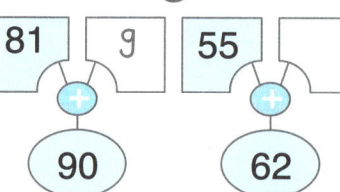

81   9   55

90   62

38   79

44   87

63   42

72   50

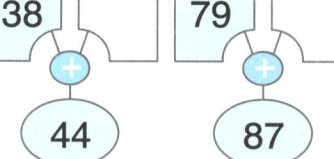

6

14 + ☐ = 23

78 + ☐ = 80

56 + ☐ = 65

87 + ☐ = 90

35 + ☐ = 43

68 + ☐ = 75

45 + ☐ = 51

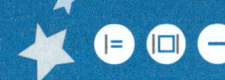
1

51 – 4 = 47

52 – ☐ = 46

51 – ☐ = 48

52 – ☐ = 43

51 – ☐ = 46

52 – ☐ = 44

51 – ☐ = 45

2

21 ☐ 2 → – → 19

58 ☐ → – → 49

75 ☐ → – → 69

32 ☐ → – → 29

44 ☐ → – → 39

66 ☐ → – → 59

3

23 – ◯ = 17

60 – ◯ = 51

41 – ◯ = 34

77 – ◯ = 69

54 – ◯ = 47

35 – ◯ = 26

83 – ◯ = 79

4

61 – ☐ = 53

40 – ☐ = 35

92 – ☐ = 87

34 – ☐ = 26

80 – ☐ = 73

52 – ☐ = 48

76 – ☐ = 67

5

56 – ◯ = 48

23 – ◯ = 16

60 – ◯ = 57

92 – ◯ = 83

80 – ◯ = 74

43 – ◯ = 38

75 – ◯ = 67

6

42 – ☐ = 38

31 – ☐ = 25

47 – ☐ = 38

34 – ☐ = 25

40 – ☐ = 38

32 – ☐ = 25

45 – ☐ = 38

Plusaufgaben bis 100 m. Ü.

1

31 = 23
◯ = 27
◯ = 24
◯ = 26
◯ = 29
◯ = 25
◯ = 22

+8

2

50 = 45 + 5
◻ = 84 + 7
◻ = 38 + 3
◻ = 67 + 6
◻ = 29 + 5
◻ = 56 + 7
◻ = 78 + 9

3

◯ = 29 + 2
◯ = 66 + 6
◯ = 37 + 3
◯ = 75 + 6
◯ = 59 + 7
◯ = 14 + 6
◯ = 48 + 2

50

4

◯ = 87 + 7
◯ = 38 + 5
◯ = 59 + 6
◯ = 78 + 7
◯ = 47 + 9
◯ = 68 + 8
◯ = 27 + 4

5

◯ = 16 + 4
◯ = 29 + 3
◯ = 35 + 7
◯ = 44 + 9
◯ = 58 + 4
◯ = 63 + 7
◯ = 75 + 9

6

◯ = 78 + 6
◯ = 59 + 9
◯ = 87 + 5
◯ = 16 + 9
◯ = 49 + 4
◯ = 26 + 7
◯ = 36 + 5

Minusaufgaben bis 100 m. Ü.

①

38	= 41 − 3
	= 54 − 7
	= 40 − 5
	= 57 − 9
	= 40 − 3
	= 55 − 6
	= 43 − 7

②

☐ = 40 − 1
☐ = 66 − 9
☐ = 31 − 4
☐ = 77 − 8
☐ = 20 − 6
☐ = 82 − 4
☐ = 51 − 5

③

88
83
87
84
85
86
89

92 − 5
91 − 7
94 − 6
92 − 9
91 − 6
93 − 4
94 − 8

④

= 82 − 3
= 54 − 5
= 20 − 4
= 73 − 6
= 35 − 7
= 60 − 8
= 42 − 6

⑤

○ = 25 − 8
○ = 33 − 5
○ = 40 − 2
○ = 56 − 7
○ = 64 − 9
○ = 71 − 2
○ = 82 − 7

⑥

○ = 31 − 9
○ = 66 − 8
○ = 93 − 9
○ = 41 − 8
○ = 85 − 9
○ = 53 − 8
○ = 78 − 9

1

22 = 18 + 4
31 = 26 +
20 = 17 +
34 = 29 +
21 = 16 +
30 = 28 +
23 = 19 +

2

42 = 35 +
75 = 66 +
50 = 46 +
84 = 78 +
31 = 23 +
96 = 89 +
61 = 54 +

3

63 = 58 +
92 = 89 +
31 = 28 +
73 = 69 +
52 = 48 +
81 = 79 +
40 = 38 +

52

4

21 = 12 +
32 = 24 +
48 = 39 +
51 = 46 +
65 = 58 +
77 = 69 +
84 = 75 +

5

90 = 83 +
57 = 48 +
83 = 75 +
35 = 29 +
70 = 62 +
42 = 36 +
63 = 54 +

6

71 = 67 +
84 = 77 +
70 = 67 +
83 = 77 +
76 = 67 +
82 = 77 +
75 = 67 +

①

69 = 72 – 3

79 = 80 – ( )

69 = 75 – ( )

79 = 83 – ( )

69 = 71 – ( )

79 = 86 – ( )

69 = 74 – ( )

②

46 = 55 – ( )

54 = 61 – ( )

48 = 56 – ( )

56 = 61 – ( )

45 = 52 – ( )

57 = 65 – ( )

45 = 50 – ( )

③

37 = 40 – □

78 = 83 – □

47 = 52 – □

68 = 74 – □

27 = 31 – □

88 = 90 – □

57 = 63 – □

④

17 = 23 – ( )

26 = 30 – ( )

34 = 43 – ( )

48 = 55 – ( )

⑤

57 = 64 – [ ]

35 = 43 – [ ]

68 = 72 – [ ]

23 = 31 – [ ]

76 = 83 – [ ]

48 = 57 – [ ]

84 = 92 – [ ]

⑥

55 = 64 – [ ]

88 = 91 – [ ]

24 = 30 – [ ]

77 = 86 – [ ]

45 = 51 – [ ]

66 = 74 – [ ]

39 = 47 – [ ]

1

21 + 38	99
21 + 58	69
21 + 18	39
21 + 78	59
21 + 48	79
21 + 28	49
21 + 68	89

2

12 + 44 = 56
23 + 65 =
35 + 24 =
41 + 45 =
54 + 14 =
62 + 35 =
72 + 14 =

3

+	12
36	48
62	
84	
17	
73	
55	

4

42 + 46 =
78 + 11 =
20 + 56 =
52 + 17 =

5

15 + 84 =
63 + 16 =
45 + 20 =
20 + 58 =
73 + 14 =
32 + 27 =
50 + 29 =

6

52
35
13
56   +33
40
21
64

85

1

65 + 21 = 86

47 + 12 =

74 + 21 =

51 + 12 =

63 + 21 =

46 + 12 =

52 + 21 =

2

18 + 61 =

26 + 42 =

32 + 57 =

44 + 23 =

52 + 35 =

63 + 12 =

71 + 25 =

3

26 + 62 =

42 + 35 =

35 + 24 =

14 + 83 =

31 + 36 =

43 + 41 =

20 + 79 =

4

14 + 15 =

87 + 10 =

24 + 61 =

72 + 27 =

30 + 46 =

68 + 11 =

42 + 56 =

5

29 + 40 =

47 + 32 =

15 + 73 =

30 + 56 =

45 + 21 =

15 + 63 =

62 + 17 =

6

75 + 14 =

56 + 22 =

41 + 37 =

20 + 49 =

36 + 53 =

22 + 65 =

16 + 72 =

①

| 98 | 14 | 87 | 56 |

84

| 87 | 12 | 98 | 41 |

| 98 | 75 | 87 | 43 |

②

67 − 51 =

83 − 32 =

75 − 63 =

99 − 44 =

③

−31

85	54
67	
48	
94	
56	
79	

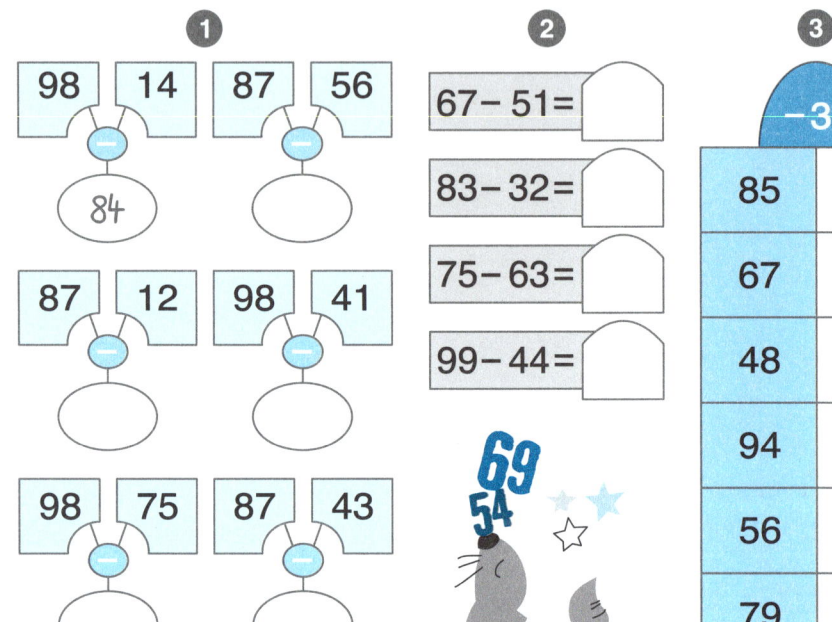

④

48 − 15 =

97 − 23 =

79 − 14 =

36 − 22 =

59 − 13 =

85 − 24 =

67 − 11 =

⑤

86 − 31 =

34 − 14 =

98 − 73 =

55 − 12 =

78 − 54 =

66 − 33 =

47 − 35 =

⑥

57

35

79

93

68

84

46

−23

34

1

87 − 15 = 72

74 − 22 =

88 − 64 =

99 − 48 =

83 − 51 =

96 − 24 =

68 − 15 =

2

96 − 11 =

48 − 16 =

63 − 12 =

37 − 13 =

86 − 15 =

59 − 14 =

78 − 12 =

3

75 − 42

86 − 54

68 − 37

98 − 64

69 − 32

89 − 53

95 − 60

31
32
33
34
35
36
37

57

4

48 − 14 =

86 − 62 =

68 − 31 =

89 − 44 =

55 − 23 =

99 − 56 =

74 − 31 =

5

37 − 22 =

48 − 13 =

59 − 27 =

64 − 33 =

77 − 26 =

89 − 11 =

96 − 23 =

6

79 − 21 =

89 − 54 =

99 − 76 =

69 − 53 =

99 − 37 =

89 − 12 =

79 − 45 =

1

57+ 42 =99

99 – 57 = 42

32+ =75

75 – 32 =

14+ =68

68 –

2

36 + 69

25 + 59

81 + 94

69 36 –

3

73+ = 87

47+ = 98

25+ = 77

58

4

26 + = 98

64 + = 89

22 + = 47

5

35 + = 48

14 + = 76

43 + = 86

6

12+ =59

31+ =94

23+ =69

①

22 + 37 = 59

59 − 22 = 37

35 + ☐ = 77

77 − 35 =

44 + ☐ = 68

68 −

②

58 + ◯ = 99

25 + ◯ = 48

32 + ◯ = 69

③

36 + ◯ = 98

63 + ◯ = 87

41 + ◯ = 94

④

23 ☐
⊕
69

69 ☐ 23
⊖
◯

71 ☐
⊕
94

☐ ☐
⊖
◯

24 ☐
⊕
76

☐ ☐
⊖
◯

⑤

35 + ⌂ = 59

74 + ⌂ = 89

55 + ⌂ = 96

⑥

32 + ◯ = 47

11 + ☐ = 75

53 + ◯ = 86

①

68 – 42 = 26

68 – 26 = 42

59 – ◯ = 38

59 – 38 =

87 – ◯ = 42

87 – ◯ ◯

②

79 – ☐ = 34

96 – ☐ = 53

67 – ☐ = 15

③

47 – ◯ = 13

99 – ◯ = 46

58 – ◯ = 27

60

④

75 – ◯ = 21

89 – ◯ = 16

98 – ◯ = 51

⑤

56 ☐

12

89 ☐

57

78 ☐

45

56 12

⑥

97 – ⌂ = 51

69 – ⌂ = 45

78 – ⌂ = 32

1

88	76		88	12
−			−	
12			76	

69			69	45
−			−	
45				

77			77	
−			−	
31				

2

68 − ⬡ = 55

68 −

99 − ⬡ = 27

86 − ⬡ = 42

3

89 − ◯ = 35

78 − ◯ = 14

95 − ◯ = 61

61

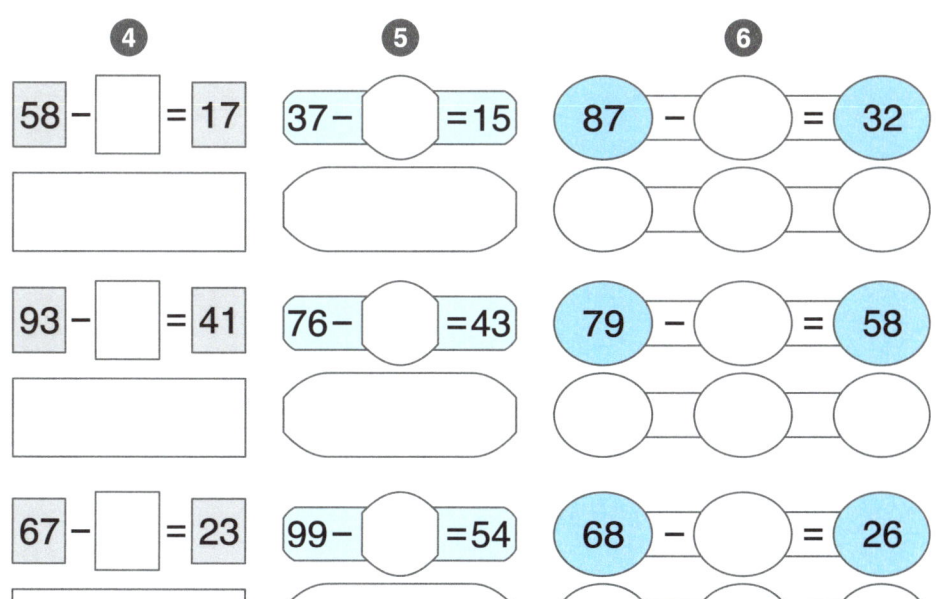

4

58 − ☐ = 17

93 − ☐ = 41

67 − ☐ = 23

5

37 − ◯ = 15

76 − ◯ = 43

99 − ◯ = 54

6

87 − ◯ = 32

79 − ◯ = 58

68 − ◯ = 26

①

49 − 16 = 33

33 + 16 = 49

___ − 84 = 12

12 + 84 = ___

___ − 62 = 21

21 + ___ ___

②

___ − 12 = 54

___ − 44 = 35

___ − 71 = 16

③

___ − 34 = 64

___ − 32 = 55

___ − 48 = 31

62

④

___ − 53 = 33

___ − 26 = 32

___ − 75 = 24

⑤

___ − 32 = 45

___ − 88 = 11

___ − 23 = 25

⑥

___ − 21 = 47

___ − 64 = 35

___ − 13 = 76

❶

96 | 22   74 | 22
$-$
74     $+$ 96

[ ] | 66   23 | 66
$-$
23

[ ] | 33   42 | [ ]
$-$
42

❷

$\square - 23 = 26$

$26 +$

$\square - 51 = 35$

$\square - 43 = 54$

❸

$\bigcirc - 54 = 33$

$\bigcirc - 42 = 16$

$\bigcirc - 61 = 38$

63

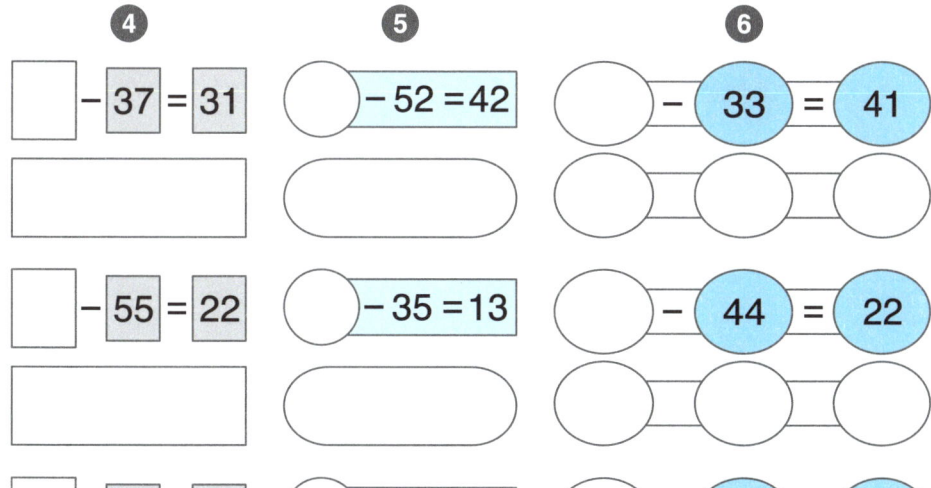

❹

$\square - 37 = 31$

$\square - 55 = 22$

$\square - 21 = 78$

❺

$\bigcirc - 52 = 42$

$\bigcirc - 35 = 13$

$\bigcirc - 27 = 52$

❻

$\bigcirc - 33 = 41$

$\bigcirc - 44 = 22$

$\bigcirc - 26 = 61$

❶

77 = 35
◯ = 47
◯ = 54
◯ = 13   +42
◯ = 34
◯ = 27
◯ = 45

❷

86 | = 71+15
◯ | = 21+23
◯ | = 51+18
◯ | = 41+22
◯ | = 81+17
◯ | = 61+24
◯ | = 31+16

❸

◯ = 13+24
◯ = 25+63
◯ = 32+44
◯ = 46+52

❹

◯ = 25+54
◯ = 43+16
◯ = 55+21
◯ = 31+54
◯ = 63+13
◯ = 42+27
◯ = 80+12

❺

◯ = 52+15
◯ = 58+21
◯ = 50+36
◯ = 51+47
◯ = 54+32
◯ = 59+20
◯ = 53+13

❻

51   74
◯   59
◯   86
◯   +23   38
◯   45
◯   63
◯   97

❶

55		89 − 34
31		87 − 16
62		85 − 73
71		83 − 52
12		85 − 23
25		87 − 46
41		89 − 64

❷

41 = 98 − 57

☐ = 67 − 42

☐ = 36 − 25

☐ = 59 − 37

☐ = 86 − 53

☐ = 57 − 31

☐ = 79 − 12

❸

☐ = 73 − 22

☐ = 87 − 33

☐ = 94 − 22

☐ = 89 − 33

☐ = 96 − 22

☐ = 84 − 33

☐ = 75 − 22

❹

= 93 − 71

= 89 − 47

= 77 − 15

= 68 − 32

= 59 − 26

= 47 − 13

= 39 − 27

❺

= 69 − 29

= 74 − 23

= 68 − 25

= 79 − 24

= 68 − 26

= 77 − 21

= 68 − 22

❻

= 54 − 21

= 73 − 32

= 95 − 43

= 66 − 54

= 87 − 65

= 99 − 76

= 97 − 87

1

+	15
48	63
25	
67	

2

28 + 35

38 + 19

48 + 27

58 + 19

48 + 47

38 + 29

28 + 45

77

95

75

63

57

73

67

3

19 + 34 = 53

27 + 57 =

36 + 15 =

49 + 42 =

56 + 18 =

67 + 25 =

79 + 16 =

66

4

57 + 28 =

45 + 37 =

37 + 23 =

26 + 36 =

37 + 15 =

45 + 29 =

57 + 34 =

5

39 + 57 = ⃝

75 + 15 = ⃝

43 + 38 = ⃝

66 + 17 = ⃝

12 + 58 = ⃝

59 + 25 = ⃝

24 + 37 = ⃝

6

22

35

23

37

29

31

24

+29

51

1

27 + 66 = 93

37 + 38 =

27 + 23 =

37 + 15 =

27 + 59 =

37 + 24 =

27 + 47 =

2

18 + 33 =

49 + 24 =

77 + 15 =

24 + 46 =

68 + 17 =

36 + 28 =

52 + 39 =

3

29 + 26 =

38 + 35 =

45 + 17 =

54 + 38 =

43 + 27 =

39 + 48 =

26 + 16 =

67

4

15 + 38 =

28 + 39 =

35 + 36 =

48 + 34 =

35 + 37 =

28 + 36 =

15 + 35 =

5

56 + 27 =

29 + 41 =

64 + 19 =

38 + 58 =

73 + 19 =

14 + 47 =

46 + 29 =

6

66 + 14 =

49 + 22 =

17 + 58 =

39 + 42 =

27 + 37 =

59 + 25 =

76 + 19 =

1

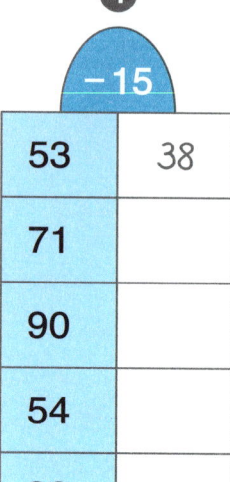

−15	
53	38
71	
90	
54	
82	
45	

2

91 − 34 = 57

82 − 63 =

91 − 16 =

82 − 55 =

91 − 73 =

82 − 26 =

91 − 42 =

3

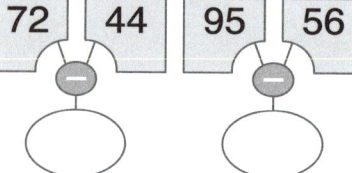

72　44　95　56

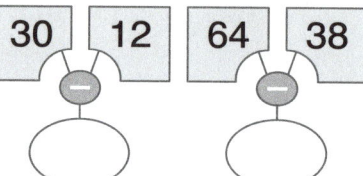

30　12　64　38

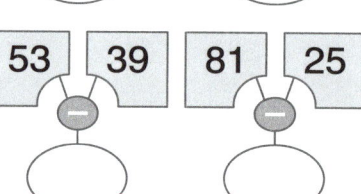

53　39　81　25

68

4

64 − 15 =

55 − 28 =

87 − 39 =

92 − 48 =

80 − 53 =

97 − 68 =

93 − 75 =

5

51 − 28 =

94 − 38 =

42 − 24 =

80 − 41 =

73 − 24 =

86 − 38 =

63 − 28 =

6

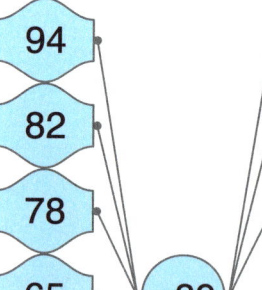

94　　　55
82
78
65　−39
73
86
91

Minusaufgaben bis 100 m. Ü.

1

33 − 14   16
35 − 19   19
31 − 13   15
33 − 18   18
34 − 17   17
30 − 16   13
32 − 19   14

2

$95 - 26 = 69$
$70 - 38 = $
$54 - 29 = $
$72 - 33 = $
$83 - 27 = $
$94 - 45 = $
$66 - 28 = $

3

$68 - 29 = $
$80 - 47 = $
$44 - 28 = $
$96 - 57 = $
$30 - 14 = $
$76 - 49 = $
$54 - 36 = $

4

$43 - 16 = $
$67 - 28 = $
$70 - 39 = $
$85 - 47 = $
$71 - 55 = $
$93 - 69 = $
$90 - 75 = $

5

$60 - 22 = $
$71 - 38 = $
$83 - 65 = $
$92 - 16 = $
$85 - 58 = $
$70 - 23 = $
$67 - 39 = $

6

$71 - 29 = $
$82 - 47 = $
$71 - 24 = $
$82 - 55 = $
$71 - 47 = $
$82 - 38 = $
$71 - 36 = $

1

59 + 34 = 93

93 − 59 = 34

37 + ⬚ = 72

72 − 37 =

15 + ⬚ = 64

64 −

2

38 ⬚ ⊕ 64

64 38 ⊖ ◯

26 ⬚ ⊕ 82

⬚ ⬚ ◯

79 ⬚ ⊕ 96

⬚ ⬚ ◯

3

56 + ⬚ = 84

49 + ⬚ = 92

37 + ⬚ = 71

70

4

29 + ◯ = 95

◯ ◯ ◯

66 + ◯ = 83

◯ ◯ ◯

18 + ◯ = 42

◯ ◯ ◯

5

34 + ⬚ = 62

19 + ⬚ = 71

47 + ⬚ = 83

6

18 + ◯ = 53

37 + ◯ = 96

19 + ◯ = 64

❶

$25 + 39 = 64$

$64 - 25 = 39$

$34 + \square = 81$

$81 - 34 =$

$47 + \square = 76$

$76 -$

❷

$55 + \bigcirc = 92$

$28 + \bigcirc = 56$

$33 + \bigcirc = 71$

❸

$34 + \bigcirc = 93$

$69 + \bigcirc = 81$

$48 + \bigcirc = 95$

❹

29 + 72

72 − 29

75 + 93

27 + 85

❺

$38 + \bigcirc = 65$

$76 + \bigcirc = 91$

$59 + \bigcirc = 73$

❻

$34 + \bigcirc = 52$

$19 + \bigcirc = 84$

$58 + \bigcirc = 97$

❶

15 + 19 = 34
34 − 19 = 15

◯ + 37 = 75
75 − 37 = ◯

◯ + 28 = 83
83 − ◯ = ◯

❷

◯ + 18 = 66

◯ + 45 = 94

◯ + 29 = 65

❸

◯ + 24 = 92

◯ + 39 = 73

◯ + 47 = 86

72

❹

☐ + 25 = 53

☐ + 28 = 75

☐ + 19 = 82

❺

❻

◯ + 13 = 42

◯ + 69 = 91

◯ + 18 = 74

Umkehraufgaben bis 100 m. Ü.

1

46 | 28 →(+)→ 74   74 | 28 →(−)→ 46

☐ | 19 →(+)→ 51   51 | 19 →(−)→ ◯

☐ | 33 →(+)→ 92   92 | ☐ →(−)→ ◯

2

◻ + 27 = 74
74 −

◻ + 34 = 93

◻ + 49 = 86

3

◯ + 39 = 52

◯ + 18 = 45

4

☐ + 37 = 96

☐ + 29 = 53

☐ + 24 = 72

5

◯ + 39 = 85

◯ + 15 = 34

◯ + 28 = 66

6

◯ + 18 = 43

◯ + 37 = 95

◯ + 29 = 74

73

❶

72 − 44 = 28

72 − 28 = 44

68 − ⬭ = 39

68 − 39 = ⬭

92 − ⬭ = 47

92 − ⬭ − ⬭

❷

84 − ☐ = 35

93 − ☐ = 46

75 − ☐ = 17

❸

53 − ⬭ = 37

96 − ⬭ = 59

67 − ⬭ = 28

74

❹

71 − ⬭ = 15

86 − ⬭ = 29

91 − ⬭ = 68

❺

62 ☐ ⬭ 16

62 16 ⬭

16

97 ☐ ⬭

59

85 ☐ ⬭

48

❻

81 − ⬯ = 37

75 − ⬯ = 49

92 − ⬯ = 58

1

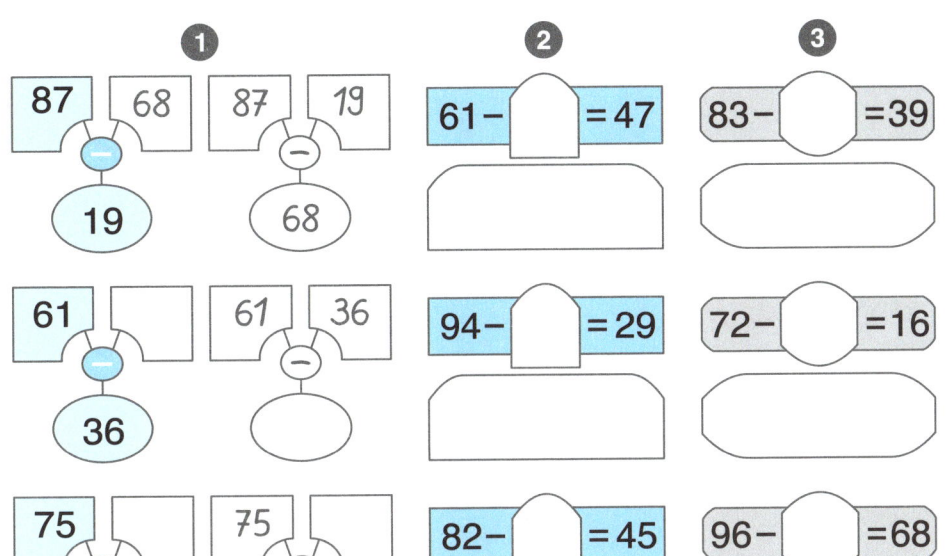

87 | 68   87 | 19
   −   −
  19   68

61 | 61 | 36
   −   −
  36

75 | 75 |
   −   −
  28

2

61 − ☐ = 47

94 − ☐ = 29

82 − ☐ = 45

3

83 − ◯ = 39

72 − ◯ = 16

96 − ◯ = 68

4

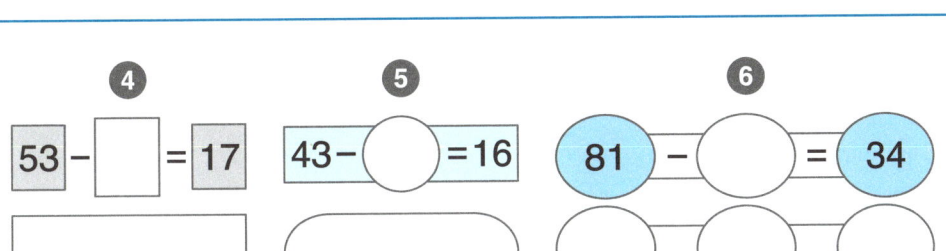

53 − ☐ = 17

94 − ☐ = 45

65 − ☐ = 29

5

43 − ◯ = 16

76 − ◯ = 39

94 − ◯ = 58

6

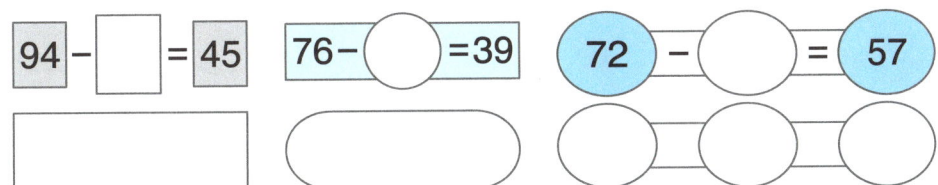

81 − ◯ = 34

72 − ◯ = 57

63 − ◯ = 25

❶

83 − 47 = 36

36 + 47 = 83

⬜ − 14 = 38

38 + 14 =

⬜ − 65 = 29

29 +

❷

− 28 = 47

− 72 = 19

− 17 = 28

❸

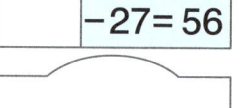

−19 = 48

−58 = 34

−27 = 56

❹

◯ − 54 = 39

◯ − 66 = 16

◯ − 48 = 23

❺

◯ − 28 = 56

◯ − 36 = 39

◯ − 69 = 17

❻

◯ − 26 = 68

◯ − 28 = 37

◯ − 27 = 44

❶

$65 - \boxed{29} = \boxed{36}$

$36 + 29 = 65$

$\boxed{} - \boxed{54} = \boxed{18}$

$18 + 54 =$

$\boxed{} - \boxed{28} = \boxed{67}$

$67 +$

❷

$\bigcirc - 46 = 45$

$\bigcirc - 39 = 27$

$\bigcirc - 17 = 65$

❸

$\bigcirc - \boxed{37} = \boxed{47}$

$\bigcirc - \boxed{44} = \boxed{29}$

$\bigcirc - \boxed{28} = \boxed{56}$

❹

$\boxed{} \quad 38 \quad (-) \quad 35$

$\boxed{35} \quad \boxed{38} \quad (+) \quad \bigcirc$

$\boxed{} \quad 69 \quad (-) \quad 29$

$\boxed{37} \quad (-) \quad 46$

❺

$- 27 = 28$

$- 55 = 36$

$- 49 = 45$

❻

$- 43 = 38$

$- 46 = 16$

$- 18 = 34$

1

84	=	18	+ 66
	=	45	+ 18
	=	18	+ 19
	=	74	+ 18
	=	18	+ 36
	=	37	+ 34
	=	18	+ 29

2

	= 48+17
	= 67+26
	= 56+19
	= 49+43
	= 36+16
	= 28+58
	= 19+35

3

	=58+18
	=46+27
	=37+45
	=29+16
	=37+54
	=46+39
	=58+14

78

4

	= 37+34
	= 25+69
	= 58+22
	= 17+56
	= 28+33
	= 15+67
	= 57+29

5

65		44 + 27
71		28 + 37
93		46 + 47
75		18 + 57
61		26 + 47
55		18 + 37
73		34 + 27

6

	= 24+36
	= 58+25
	= 13+58
	= 47+17
	= 34+58
	= 66+25
	= 38+17

❶

96 = 19 + 77

◯ = 25 + 56

◯ = 37 + 29

◯ = 46 + 38

❷

☐ = 29 + 45

☐ = 47 + 16

☐ = 19 + 72

☐ = 58 + 37

☐ = 19 + 15

☐ = 47 + 29

☐ = 29 + 58

❸

☐ = 48 + 15

☐ = 43 + 28

☐ = 46 + 35

☐ = 44 + 48

☐ = 49 + 35

☐ = 47 + 28

☐ = 45 + 15

❹

☐ = 17 + 28

☐ = 24 + 36

☐ = 59 + 28

☐ = 16 + 36

☐ = 23 + 28

☐ = 38 + 36

☐ = 18 + 28

❺

◯ = 25 + 36

◯ = 59 + 24

◯ = 28 + 63

◯ = 67 + 28

◯ = 18 + 66

◯ = 24 + 39

◯ = 37 + 55

❻

◯ = 26 + 46

◯ = 39 + 28

◯ = 43 + 37

◯ = 56 + 18

◯ = 45 + 16

◯ = 38 + 55

◯ = 29 + 39

①

 = 36

◯ = 71

◯ = 50

◯ = 85 — −17

◯ = 42

◯ = 94

◯ = 67

②

43 = 92 − 49

◯ = 81 − 63

◯ = 92 − 25

◯ = 81 − 48

◯ = 92 − 54

◯ = 81 − 16

◯ = 92 − 37

③

◯ = 70 − 47

◯ = 81 − 35

◯ = 57 − 28

◯ = 82 − 17

◯ = 77 − 58

◯ = 61 − 25

◯ = 83 − 56

80

④

◯ = 41 − 26

◯ = 32 − 18

◯ = 63 − 29

◯ = 84 − 56

◯ = 55 − 38

◯ = 76 − 47

◯ = 97 − 19

⑤

◯ = 62 − 28

◯ = 47 − 29

◯ = 84 − 28

◯ = 41 − 29

◯ = 73 − 28

◯ = 96 − 29

◯ = 51 − 28

⑥

◻ = 93 − 55

◻ = 54 − 28

◻ = 32 − 19

◻ = 85 − 46

◻ = 42 − 24

◻ = 64 − 19

◻ = 73 − 37

①

49	= 64 − 15
	= 83 − 18
	= 52 − 14
	= 91 − 16
	= 72 − 19
	= 84 − 17
	= 61 − 13

②

☐	= 72 − 25
☐	= 51 − 36
☐	= 63 − 25
☐	= 95 − 36
☐	= 42 − 25
☐	= 65 − 36
☐	= 62 − 25

③

38	71 − 36
35	72 − 34
32	71 − 39
34	72 − 35
33	71 − 38
39	72 − 33
37	71 − 37

④

= 96 − 39
= 75 − 48
= 54 − 29
= 83 − 55
= 62 − 28
= 31 − 12
= 47 − 29

⑤

☐	= 74	− 45
☐	= 82	− 36
☐	= 43	− 18
☐	= 81	− 63
☐	= 70	− 49
☐	= 92	− 54
☐	= 66	− 27

⑥

◯	= 72 − 38
◯	= 63 − 19
◯	= 52 − 34
◯	= 83 − 47
◯	= 34 − 17
◯	= 55 − 29
◯	= 91 − 56

❶

+9

34	43
56	
78	
23	
67	
45	

❷

$10 + 78 =$ 88

$20 + 19 =$

$40 + 56 =$

$30 + 39 =$

$50 + 27 =$

$10 + 34 =$

$30 + 42 =$

❸

56	17

38	53

49	35

45	28

66	29

27	37

❹

$12 + 75 = 87$

$41 + = 96$

$26 + = 89$

$34 + = 95$

$52 + = 84$

$27 + = 99$

$31 + = 88$

❺

$38 + = 80$

$23 + = 90$

$16 + = 80$

$49 + = 90$

+55
43
38+58

❻

$19 + = 72$

$39 + = 84$

$29 + = 61$

$49 + = 95$

$29 + = 83$

$39 + = 75$

$19 + = 94$

Gemischte Aufgaben

❶

53		45
31		
64		
96	**−8**	
42		
75		
27		

❷

86 − 50 = 36

71 − 30 =

97 − 70 =

76 − 20 =

99 − 60 =

74 − 50 =

85 − 40 =

❸

83 − 66 =

71 − 43 =

95 − 56 =

82 − 35 =

64 − 26 =

93 − 64 =

72 − 56 =

83

❹

86 − 52 = 34

69 − ◯ = 56

97 − ◯ = 12

58 − ◯ = 31

75 − ◯ = 23

99 − ◯ = 67

87 − ◯ = 44

❺

67 − ☐ = 10

94 − ☐ = 20

89 − ☐ = 10

43 − ☐ = 20

78 − ☐ = 10

55 − ☐ = 20

97 − ☐ = 10

❻

93 57
−
36

43
−
19

54
−
27

82
−
45

95
−
67

63
−
34

❶

+	8
53	61
18	
45	
84	
36	
79	

❷

45 + 32 = 77

11 + 28 =

27 + 51 =

13 + 74 =

61 + 12 =

46 + 51 =

34 + 34 =

❸

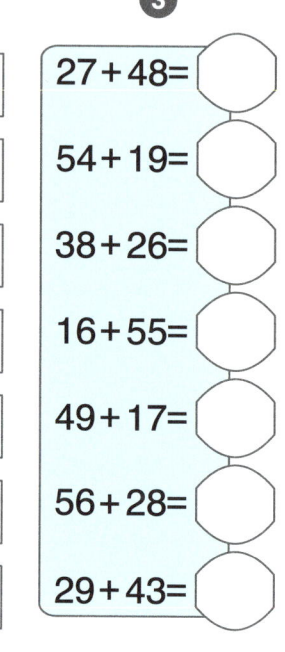

27 + 48 =

54 + 19 =

38 + 26 =

16 + 55 =

49 + 17 =

56 + 28 =

29 + 43 =

84

❹

77 + 4 = 81

38 + = 45

64 + = 73

88 + = 94

57 + = 62

46 + = 54

17 + = 26

❺

36 + ◯ = 48

14 + ◯ = 39

51 + ◯ = 67

28 + ◯ = 59

62 + ◯ = 88

33 + ◯ = 75

28 + ◯ = 99

❻

14 + = 62

39 + = 76

69 + = 94

28 + = 66

57 + = 84

16 + = 55

29 + = 85

①

67 − 9 = 58

81 − 7 =

32 − 3 =

93 − 8 =

45 − 7 =

72 − 9 =

53 − 6 =

②

78 − 24 =

99 − 32 =

87 − 15 =

96 − 21 =

89 − 43 =

95 − 64 =

67 − 25 =

③

46 − 18 •

63 − 29 •

77 − 18 •

45 − 29 •

84 − 18 •

51 − 29 •

62 − 18 •

• 16

• 66

• 59

• 28

• 34

• 44

• 22

④

43 − 6 = 37

82 − ⃝ = 73

36 − ⃝ = 29

94 − ⃝ = 86

23 − ⃝ = 19

52 − ⃝ = 45

66 − ⃝ = 57

⑤

96 − ⃝ = 21

45 − ⃝ = 32

67 − ⃝ = 21

56 − ⃝ = 32

79 − ⃝ = 21

64 − ⃝ = 32

88 − ⃝ = 21

⑥

100 − 25 = 75

100 − ⃝ = 48

100 − ⃝ = 57

100 − ⃝ = 24

100 − ⃝ = 39

100 − ⃝ = 66

❶

· 2

7	14
5	
9	

❷

6 · 4 = 24

10 · 4 =

2 · 4 =

4 · 4 =

3 · 4 =

9 · 4 =

1 · 4 =

❸

10	2

5	4

7	4

6	2

0	2

8	4

❹

2 · 2 = 4

2 · = 8

2 · = 0

2 · = 14

2 · = 2

2 · = 12

2 · = 16

❺

4 · = 20

4 · = 36

4 · = 24

4 · = 16

4 · = 4

4 · = 32

4 · = 40

❻

2 · = 18

4 · = 28

2 · = 6

4 · = 8

2 · = 10

4 · = 12

2 · = 20

1

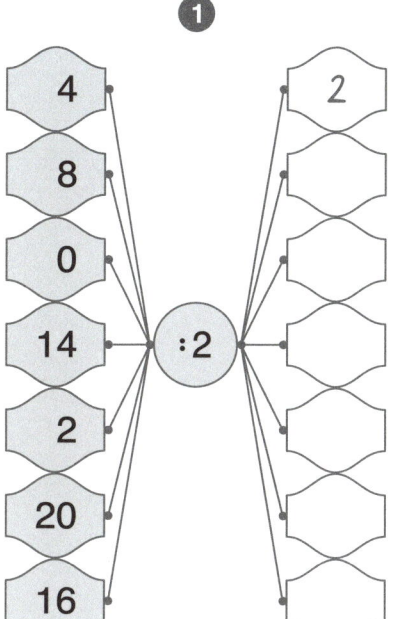

4
8
0
14
2
20
16

:2

2

2

$20 : 4 = 5$

$4 : 4 =$

$24 : 4 =$

$36 : 4 =$

$8 : 4 =$

$16 : 4 =$

$40 : 4 =$

3

$18 : 2 =$

$28 : 4 =$

$6 : 2 =$

$32 : 4 =$

$10 : 2 =$

$12 : 4 =$

$12 : 2 =$

4

$18 : 9 = 2$

$2 : = 2$

$8 : = 2$

$16 : = 2$

$12 : = 2$

$4 : = 2$

$14 : = 2$

5

24 | 6

:

4

8 |

:

4

12 |

:

4

20 |

:

4

40 |

:

4

28 |

:

4

6

$14 : = 2$

$4 : = 4$

$6 : = 2$

$36 : = 4$

$10 : = 2$

$32 : = 4$

$20 : = 2$

❶

$4 \cdot 5 =$ | 20

$7 \cdot 5 =$

$5 \cdot 5 =$

$9 \cdot 5 =$

$8 \cdot 5 =$

$0 \cdot 5 =$

$3 \cdot 5 =$

❷

$0 \cdot 10 = \boxed{}$

$9 \cdot 10 = \boxed{}$

$7 \cdot 10 = \boxed{}$

$4 \cdot 10 = \boxed{}$

$8 \cdot 10 = \boxed{}$

$6 \cdot 10 = \boxed{}$

$10 \cdot 10 = \boxed{}$

❸

$2 \cdot 5$ ------- 10

$8 \cdot 10$ 50

$6 \cdot 5$ 30

$7 \cdot 10$ 70

$10 \cdot 5$ 80

$9 \cdot 10$ 5

$1 \cdot 5$ 90

88

❹

$5 \cdot \boxed{8} = 40$

$5 \cdot \bigcirc = 5$

$5 \cdot \bigcirc = 50$

$5 \cdot \bigcirc = 30$

$5 \cdot \bigcirc = 15$

$5 \cdot \bigcirc = 45$

$5 \cdot \bigcirc = 10$

❺

$10 \cdot \bigcap = 60$

$10 \cdot \bigcap = 20$

$10 \cdot \bigcap = 50$

$10 \cdot \bigcap = 70$

❻

5 | 5
25

10 |
10

10 |
30

5 |
35

5 |
20

10 |
90

1

:	5
40	8
30	
25	
35	
20	
10	

2

90 : 10 = 9

40 : 10 =

10 : 10 =

70 : 10 =

80 : 10 =

60 : 10 =

50 : 10 =

3

45 : 5 =

20 : 10 =

15 : 5 =

30 : 10 =

50 : 5 =

10 : 10 =

0 : 5 =

89

4

15 : 3 = 5

10 : = 5

30 : = 5

40 : = 5

20 : = 5

25 : = 5

50 : = 5

5

10 : ( ) = 10

50 : ( ) = 10

20 : ( ) = 10

40 : ( ) = 10

30 : ( ) = 10

70 : ( ) = 10

100 : ( ) = 10

6

45 : ☐ = 5

60 : ☐ = 10

5 : ☐ = 5

80 : ☐ = 10

❶

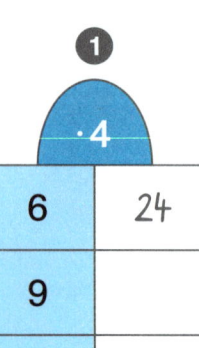

·4	
6	24
9	
1	
7	
4	
8	

❷

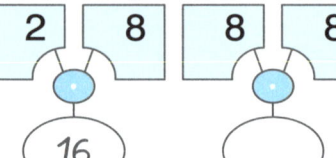

2	8

16

8	8

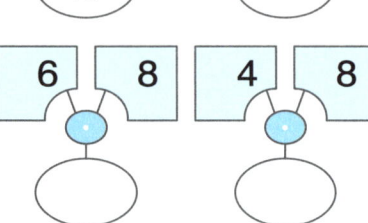

6	8

4	8

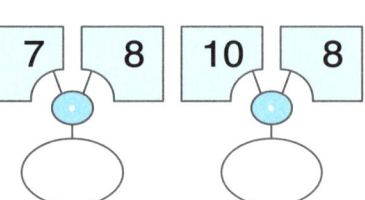

7	8

10	8

❸

$10 \cdot 4 =$

$3 \cdot 8 =$

$0 \cdot 4 =$

$1 \cdot 8 =$

$3 \cdot 4 =$

$9 \cdot 8 =$

$5 \cdot 4 =$

90

❹

$4 \cdot 4 = 16$

$4 \cdot \bigcirc = 20$

$4 \cdot \bigcirc = 4$

$4 \cdot \bigcirc = 32$

$4 \cdot \bigcirc = 8$

$4 \cdot \bigcirc = 28$

$4 \cdot \bigcirc = 40$

❺

$8 \cdot \square = 48$

$8 \cdot \square = 16$

$8 \cdot \square = 56$

$8 \cdot \square = 72$

$8 \cdot \square = 64$

$8 \cdot \square = 40$

$8 \cdot \square = 8$

❻

$4 \cdot \bigcirc = 36$

$8 \cdot \bigcirc = 80$

$4 \cdot \bigcirc = 12$

$8 \cdot \bigcirc = 24$

$4 \cdot \bigcirc = 28$

$8 \cdot \bigcirc = 32$

$4 \cdot \bigcirc = 24$

❶

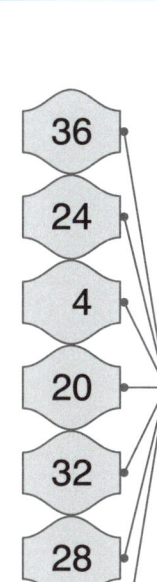

36
24
4
20
32
28
0

:4

g

❷

$8 : 8 =$ (*1*)
$40 : 8 =$
$72 : 8 =$
$24 : 8 =$
$0 : 8 =$
$32 : 8 =$
$16 : 8 =$

❸

$16 : 4 =$
$56 : 8 =$
$8 : 4 =$
$64 : 8 =$
$12 : 4 =$
$8 : 8 =$
$40 : 4 =$

❹

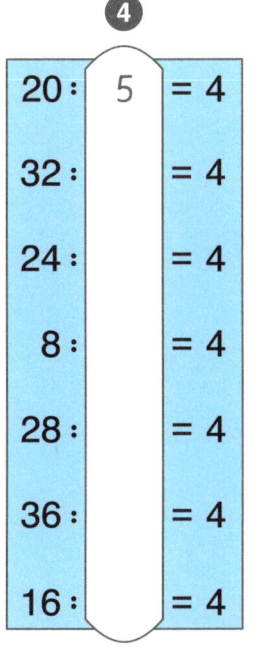

$20 :$ | 5 | $= 4$
$32 :$ | | $= 4$
$24 :$ | | $= 4$
$8 :$ | | $= 4$
$28 :$ | | $= 4$
$36 :$ | | $= 4$
$16 :$ | | $= 4$

❺

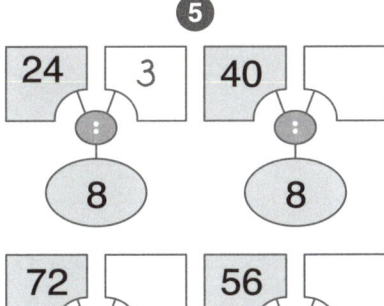
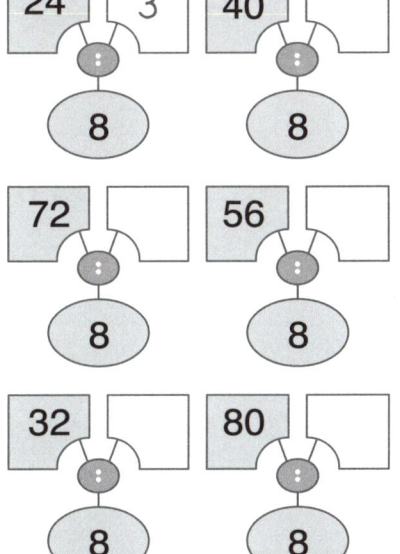

24 — 3
8

40 —
8

72 —
8

56 —
8

32 —
8

80 —
8

❻

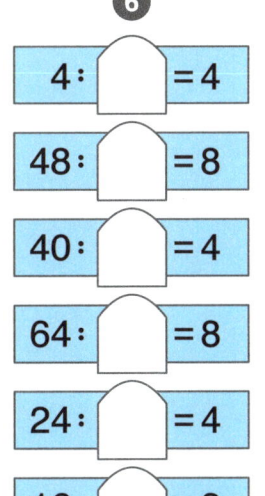

$4 :$ ⌂ $= 4$
$48 :$ ⌂ $= 8$
$40 :$ ⌂ $= 4$
$64 :$ ⌂ $= 8$
$24 :$ ⌂ $= 4$
$16 :$ ⌂ $= 8$
$12 :$ ⌂ $= 4$

❶

6 · 3

8 · 3

4 · 3

9 · 3

0 · 3

7 · 3

1 · 3

12
24
18
0
27
3
21

❷

7 · 6 = 42

2 · 6 =

5 · 6 =

6 · 6 =

1 · 6 =

10 · 6 =

3 · 6 =

❸

3 · 3 =

9 · 6 =

10 · 3 =

4 · 6 =

2 · 3 =

8 · 6 =

5 · 3 =

❹

3 | 3 → 9

3 | → 21

3 | → 15

3 | → 6

3 | → 3

3 | → 0

❺

6 · 7 = 42

6 · = 30

6 · = 6

6 · = 36

6 · = 60

6 · = 48

6 · = 54

❻

3 · = 12

6 · = 24

3 · = 18

6 · = 12

3 · = 15

6 · = 18

3 · = 24

❶

21 : 3 = 7

9 : 3 =

27 : 3 =

15 : 3 =

24 : 3 =

30 : 3 =

18 : 3 =

❷

:	6
12	2
42	
24	
36	
6	
18	

❸

0 : 3 =

30 : 6 =

12 : 3 =

54 : 6 =

6 : 3 =

48 : 6 =

3 : 3 =

❹

24 : 8 = 3

15 : = 3

3 : = 3

9 : = 3

6 : = 3

12 : = 3

18 : = 3

❺

6 : = 6

30 : = 6

12 : = 6

48 : = 6

18 : = 6

42 : = 6

24 : = 6

❻

9 : = 3

36 : = 6

27 : = 3

42 : = 6

15 : = 3

12 : = 6

30 : = 3

①

· 7

5	35
2	
6	
0	
8	
4	

②

$6 \cdot 9 =$ 54

$3 \cdot 9 =$

$9 \cdot 9 =$

$4 \cdot 9 =$

$2 \cdot 9 =$

$7 \cdot 9 =$

$10 \cdot 9 =$

③

9 7   1 9

5 9   3 7

7 7

④

$7 \cdot 5 = 35$

$7 \cdot = 7$

$7 \cdot = 56$

$7 \cdot = 28$

$7 \cdot = 42$

$7 \cdot = 14$

$7 \cdot = 0$

⑤

$9 \cdot \square = 54$

$9 \cdot \square = 27$

$9 \cdot \square = 72$

$9 \cdot \square = 63$

$9 \cdot \square = 36$

$9 \cdot \square = 18$

$9 \cdot \square = 90$

⑥

$7 \cdot = 21$

$9 \cdot = 81$

$7 \cdot = 70$

$9 \cdot = 45$

$7 \cdot = 49$

$9 \cdot = 9$

$7 \cdot = 63$

1

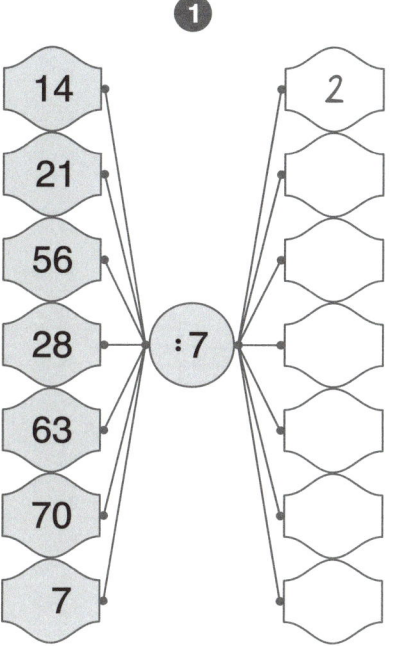

14
21
56
28 · :7
63
70
7

2

2

$9 : 9 = 1$

$45 : 9 =$

$27 : 9 =$

$63 : 9 =$

$36 : 9 =$

$54 : 9 =$

$81 : 9 =$

3

$49 : 7 =$

$18 : 9 =$

$56 : 7 =$

$72 : 9 =$

$0 : 7 =$

$90 : 9 =$

$42 : 7 =$

4

$28 : 4 = 7$

$42 : = 7$

$70 : = 7$

$49 : = 7$

$21 : = 7$

$7 : = 7$

$56 : = 7$

5

45 | 5
:
9

63 |
:
9

81 |
:
9

54 |
:
9

72 |
:
9

90 |
:
9

6

$63 : = 7$

$27 : = 9$

$0 : = 7$

$36 : = 9$

$35 : = 7$

$18 : = 9$

$56 : = 7$

1

7 · 2 = 14

5 · 3 =

9 · 4 =

2 · 5 =

4 · 6 =

10 · 7 =

6 · 8 =

2

5 · 8 =

2 · 9 =

8 · 8 =

1 · 9 =

7 · 8 =

3 · 9 =

9 · 8 =

3

8 · 4

3 · 5

7 · 6

0 · 7

9 · 6

10 · 5

4 · 4

0

54

42

32

15

16

50

96

4

18 : 9 = 2

24 : ☐ = 3

16 : ☐ = 4

25 : ☐ = 5

36 : ☐ = 6

70 : ☐ = 7

5

49 → 7 → 7

72 → ☐ → 8

64 → ☐ → 8

42 → ☐ → 7

63 → ☐ → 7

48 → ☐ → 8

6

30 : ☐ = 5

54 : ☐ = 6

28 : ☐ = 7

72 : ☐ = 8

21 : ☐ = 7

12 : ☐ = 6

35 : ☐ = 5

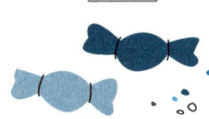